CHINA'S
FINANCE

金融的
十九张面孔

张国云 著

红旗出版社

CONTENTS 目 录

没有想到，中美贸易战还未擦枪走火，全球的资本市场财富就损失如此惨重。已经经过十多轮口水仗，人们期盼着迎来转机。这里千万别以为美国人只是为了那把关税银子，既然他们敢挑起中美贸易摩擦事端，一定是有备而来，我们必须警惕的是中美贸易摩擦可能仅是表象，核心是美国全球的金融战。

有人对金融与实体脱节用诗埋怨道："我和寒风走散了/它在大声呼喊/我在急切张望/不知是谁把我们撕碎……"稳金融，对金融部门来说，不能让金融再是一个冷面杀手，而是有人情味，能知人间冷暖；对企业来说，不该自暴自弃，可否改变一张面孔，人穷志不短。有时稳金融，就得一半清醒一半醉。

有人说民营企业遇到了"三座大山"：市场的冰山、融资的高山、转型的火山。这向我们提出一个思考，金融初心到底是什么？ 金若不能融，则不能为金。这就要求我们"金之初，性本善。"因为金融真正的魅力，不是锦上添花，而是当企业召唤的时候，我们能以雪中送炭的壮举，践行金融的职责与使命。

时下有人抱着"只要不出事、宁愿不做事"的念头,这恰恰是对底线思维的最大误解。随着人工智能、大数据、云计算等新一代信息技术加速突破应用,科技驱动的各类金融创新不断涌现。但是踩雷者的呼号声声刺耳,闻者莫不神伤。现实呼吁金融科技要善于运用底线思维,才能在金融科技实践中,下好先手棋,把握主动权。

- -

"六稳"中,唯有稳预期才是目的。面对波谲云诡的国际形势,我们不能犬儒,我们不能抱怨"那是不可改变的",我们不能不自信,我们不能不望向历史深处。为什么不可以有诗人的浪漫?"我将与生活达成妥协/却又不断地/修改自己的命运/并重新预设未知的部分",因为每一个冬天的后面都有一个温暖的春天!

- -

"栽得梧桐树,自有凤凰来"常被人们用来形容招商引资的向往和期待。有段时间受"不差钱"影响,对外资门槛越设越高。其实,利用外资的过程,也是金融血脉涤荡的过程,既有直接效益,也有溢出效益,还有竞争效益、乘数作用,还可以改善经济结构和增加出口创汇。所以,抓好四个重点,才能笑傲江湖。

- -

一说投资是经济发展的马车,就有人拿几十年前"加大投资4万亿元"说事。似乎中国经济所有的问题,都是投资惹下的祸。我国现阶段投资需求潜力仍然巨大,在这里强调发挥投资的关键作用,不是搞大水漫灌,更不能回到刺激经济的老路,而是要确保把有限的资金投向那些能够增加有效供给、补齐发展短板的领域。

就业难是全世界一个比较普遍的问题，我国这个超级人口大国正经受着社会转型、经济结构调整、国企改革、城镇化快速发展以及全球经济一体化的猛烈冲击，就业更难。"稳就业"作为另外五稳的"五龙治水"的出发点和落脚点，使"无业者有业""有业者乐业"，真的可以为货币政策和财政政策留出调整空间。

也许谁都没想到，人民币计价的中国国债和政策性银行债券，正式纳入了彭博巴克莱全球综合指数。这件事，是中国融入全球资本市场的一个重要里程碑。当下选择从债券市场入手，或许是缓解民营企业融资难融资贵的一条金光大道。如果企业注定将欠俗世一份诗债，那么我们何不大胆向自己的内心走去。

科创板就是科技创新在股市上的板块。出乎意料的是，这次中国从首次提出到正式落地，科创板的成立仅用了137天。别再认为科创板跟自己没关系，现在不少基金也是投资股票市场的，当你购买基金时，或许已经间接买了股票。所以，企业通过科创板上市不是目的，以科创板推动创新引领中国发展，才是我们的诗和远方。

常听人调侃，中国投资主管部门，是一个无法无天的部门。言下之意，没有投资法规的约束。近年来一些地方政府为追求GDP，造成地方政府负债居高不下。国家《政府投资条例》的正式颁布，有利于提高政府投资效率和居民消费水平，促进我国经济迈向高质量增长新阶段。

全球金融危机爆发以来，关于债务的担忧始终存在。债到底是什么？债的问题如何解决？中国在其中又扮演什么角色？如果说企业债是一块石头，那么债转股就是赋予每块石头的梦想，因为债务的本质，其实就是钱，或者说货币。通过债转股，可以较好地化解企业债务压力，缓解银行体系不良资产带来的压力。

"走得再远，走到再辉煌的未来，也不能忘记走过的过去，不能忘记为什么出发。"这就是时下我们要寻找的金融初心。当下令我们最纠结的是，距离2020年全面建成小康社会的时间没几天了，金融如何与实体共舞，向着高质量发展并肩前行？简言之，只有不忘初心，我们才能找准金融业发展方向，才会坚定我们的追求，最终抵达我们的初衷。

没有需求，供给就无从实现；新的需求，可以催生新的供给。没有供给，需求就无法满足；新的供给，可以创造新的需求。2019年以来，习近平至少三次在公开场合，为我们提出了"金融供给侧结构性改革"这一全新的命题。无疑，这进一步凸显了金融业的国家战略地位，也对今后一段时间内我国金融业的发展提出了明确要求。

说到政府债，经常听到美国人在叫"美国政府快没钱了，比想象的还快"。许多老百姓一直不明白，是什么原因诱导了政府发债的胃口？或者说，地方政府债务是怎么形成的？实际上，地方债的出现，比我们想象的要复杂得多。但在加大逆周期调节、增加有效投资方面，发挥地方政府专项债的作用被人们寄予厚望。

时隔十年，美联储重启降息惊动了整个国际市场，全球股市纷纷下跌。这一切都让我想起自己的小说《资本 1Q84》。小说中，王大仙麾下的王大仙股票，在 2015 年股灾期间，又遭美国沽空报告的打击。王大仙资金链断裂，身陷困境，便邀请"我"担任 CEO 帮他化解危机。"我"预感自己也许将会成为这个企业寿命最短的 CEO，但"我"更感到中国企业如果不从根本上解决资本运作问题，"我"就绝不会是最后一个寿命最短的 CEO……

美国人写的《后街金融》，开门见山地说："今天，到中国旅行的人都会看到一个迅速成长中的喧闹的私营经济。但他们看不到的是，这种增长是如何筹措到资金的？"中小企业融资难、融资贵，这是世界级难题。时下确有打着金融创新、科技创新的旗号，实际上做的是非法集资、非法融资、非法吸收存款等，与社会与企业都没有好处。

如今"开放"已经是中国金融市场上的一个高频词，在迈向高质量发展、中美贸易战的背景下，为什么"中国开放的大门不会关闭，只会越开越大"？在"宜快不宜慢、宜早不宜迟"的原则导向下，决策层根据国内外金融业发展格局的变化，适时启动金融业对外开放的"加速键"，这也是往日难得遇见的姿势。如何增强对金融开放新格局的适应性，将是我们绕不过去的坎。

说到绿色，有人这么说道，若把《离骚》放在绿色发展群经之首，世界便是让人忧虑的；若把《诗经》置于绿色发展群经之首，世界便是美丽的。2019 年 7 月 29 日被国外称为"2019 年地球生态超载日"，意味着人类目前使用大自然的速度是地球生态系统再生速度的 1.75 倍，这相当于使用 1.75 个地球。《诗经》中有田园山水之美，有兼葭苍苍，有鹤飞于天，绿色金融只有以《诗经》为生命筑底，才能高翔于天际。

>>> **金融了，然后呢？**

——开篇的话

现在，我们终于认识到了：金融是国家重要的核心竞争力，金融安全是国家安全的重要组成部分，金融制度是经济社会发展中重要的基础性制度。

对金融从高原到高峰的这一战略定位，可能是经过无数金融精英流血牺牲后才得来的结果。现在问题是，我们如何拿出与金融相匹配的"庙堂之高和江湖之远"的才识与水平？

这才有了我的苦思冥想，终于找到了一道有嚼劲，又令人怦然心动的题目：

"金融了，然后呢？"

其实，我还不敢大声说出这话，因为我是有自己图谋的，就是想打破以往金融那副木讷讷、冷冰冰的面孔——好像这个世界上的人都欠它的钱一样。

如今，金融好不容易熬到天亮，它本该笑时，现在反倒笑不出声，比过往更加严肃，甚至脸色有点发青。

原来爬坡过坎的金融，活得并不轻松。从国际层面看，世界面临百年未有之大变局，各类风险叠加冲击世界经济稳定增长。2019年4月，国际货币基金组织等机构均下调了2020年世界经济增长预期。

再看国内，我国经济正由高速增长阶段转向高质量发展阶段，长期积累的矛盾与新问题、新挑战交织，经济下行压力有所加大……

　　的确，面对这样一个生存环境，如果金融笑出声来，人们一定以为这是一个怪物或另类。

　　那好，既然都说这是百年未有之大变局，这个"大变局"到底变在哪里呢？

　　我先拍了一下脑门，发觉"大变局"来自对国际格局发生巨大变迁的重大判断。西方出现了自工业革命以来的第一次全面颓势，老牌强国云集的欧洲已陷入老龄化深渊，经济增长长期乏力，领人类启蒙运动与工业现代化之先的欧洲日益成为暮气之地，甚至被称为人类"博物馆"。美国不再是18世纪末《独立宣言》发表时的那个"美国"，在移民融合中，白人的人口比例可能会在2035年前后降到50%以下。力挺保护主义、民粹主义与孤立主义的特朗普以"退群""砌墙""贸易战"等方式，试图力挽美国霸权之颓势。同时，新兴国家集体崛起，全球政治出现大觉醒，西方发展经验在非西方世界出现"水土不服"，各国根据国情各走各的路。

　　我又拍了一下脑袋，发觉"大变局"来自对国内治理出现综合难度的重大判断。互联网像打开了"潘多拉魔盒"似的，使得社会出现了扁平化的治理困境与即时化的管理挑战。中国数千年来一以贯之、自上而下式的垂直社会结构面临冲击，数字化时代的信息拥有量与流量占有率逐渐取代职别高低、财富多少、地位贵贱等传统标准。互联网又使得均衡发展的迫切性急剧增加，过度发展的陷阱在资源消耗、生态压力面前暴露无遗，节约型社会的创建与高质量发展的推进对政策的平衡提出更高要求。中国目前面对着较大的贫富差距，全面消除贫困成为人类社会发展前所未有的"奇迹般"任务。与此同时，金融风险也不容忽视，中国是否能够持续保持从冷战结束以来"从未发生过金融危机的大国"纪录，无疑是大考验。

　　我再拍了一下后脑勺，还发觉"大变局"来自全球权力重心继20世纪初之后再次出现洲际式转移。第一次世界大战后，全球权力重心从欧洲西移至北美。现在，随着亚洲崛起，全球权力重心正在逐渐向亚洲转移。这反映在亚洲国家的市场活跃度、创新研发投入、工业制造规模、电子商务普及度、移动支付普惠性、基础设施便捷化等方面，甚至还包括时尚、旅游、电影、小说等消费文化行业，亚洲的全球号召力与软实力越来越多地使西方相形见绌，以至于西方出现了集体性的焦虑。

没错，如今中国的金融胸脯愈挺愈硬朗，外汇储备规模世界第一，股票市场规模全球第二，债券市场规模全球第三，这些本都值得大书特书的。问题是我们必须看到，中国金融业的市场结构、经营理念、创新能力、服务水平等等，还不适应经济高质量发展的要求，长期积累的金融风险、诸多矛盾和问题都等待我们去破译、去解决。

人在做、天在看，欣慰的是中国人对金融有着天生的抗压性，当然这得益于有一个良好家风熏陶。谁都知道，中国历来有两大传统：一个是"风"，以《诗经》里的《国风》为代表，一个是"骚"，以屈原所作的《离骚》为代表。

我们最早知道的诗经，大概都是那句"关关雎鸠，在河之洲，窈窕淑女，君子好逑"。再后来，便是"蒹葭苍苍，白露为霜，所谓伊人，在水一方"。"风"者"乐也"，自然而然用于衡量我们的精神财富。

我们最早懂得的屈原，可能也都是那句"惟草木之零落兮，恐美人之迟暮"。再后面，更是"路漫漫其修远兮，吾将上下而求索"。"骚"者"忧也"，人们习惯用"忧"来计量我们的物质财富。

当人得到物质与精神需求的极大满足之后，这才有了赵翼的高瞻远瞩："江山代有才人出，各领风骚数百年。"这才有了谢灵运的山水："原其飙流所始，莫不同祖《风》《骚》。"这才有了高适的生命呐喊："晚晴催翰墨，秋兴引风骚。"最后才有了毛泽东的不朽断章："唐宗宋祖，稍逊风骚。"

前几年，我写了一部生动讲述中国金融故事的《金融战国时代》，引发网上网下的读者广泛热议和点赞好评，后来出版社又出了一个修订版。这次这本《金融的十九张面孔》，在吸收上一本书经验的基础上，从书名、题材到内容甄选、表达方式，均彰显了中国金融的内在品质、远大前途和强大生命力，更展现了新的特色——

必须坚持问题导向。 "问题就是时代的口号"。一个伟大的"金融"，总是善于在众声喧哗中聆听时代的声音，解决时代提出的问题。新时代的金融必须直面矛盾问题，找到具有代表性、普遍性、全局性的新问题，找到映照社会现实、关乎民心民意的真问题，靶向解答、回应群众的疑问和困惑。如书中，警惕中美贸易战演变成金融战、找回金融的温度与情感、在觉醒中存念金融初心、金融科技的底线思维等，之所以引人入胜，一个很重要的原因就在于坚持问题导向，抓住了真问题，直击现实、直抒己见，让读者感到"解渴""过瘾"。

必须坚守内容为王。 笔者的写作绝不是简单的故事编写，而是要阐释金融必须为实体经济服务的理念。古今中外，因金融脱离实体经济带来危机的实证有许多，从我国元代"楮币之患"、民国"金圆券"风潮、2008年全球金融危机等都是有教训的。恩格斯说，货币贸易同商品贸易一分离，它就有了它自己的发展。列宁说，当资本同生产分离达到极力程度，商品生产虽然"依旧被看作全部经济的基础，但实际上已经被破坏了，大部分利润都被那些干金融勾当的'天才'拿去了"。习近平总书记更是高瞻远瞩地说道："金融活，经济活；金融稳，经济稳。"[①]后来，他又进一步指出："经济兴，金融兴；经济强，金融强。"[②]我们要坚持以马克思主

[①] 2017年4月25日，习近平总书记在中共中央政治局就维护国家金融安全进行第四十次集体学习时的讲话。
[②] 2019年2月22日，习近平总书记在中共中央政治局第十三次集体学习时的讲话。

义立场、观念和方法为指导，深化对金融本质和规律的认识，如果经济是肌体，金融一定是血脉；如果实体经济不能强健，一切金融的繁荣都是虚假的繁荣。所以，我努力讲有现实意义的道理、说读者感兴趣的事，以期走进读者心里、引发读者共鸣。

必须创新表达方式。金融知识要做到常讲常新、推陈出新，至关重要的是抓好理念创新、手段创新、工作创新，特别是抓好表达方式创新。目前供给侧结构性改革是经济工作的主线，也是金融工作的主线。如果我没有记错的话，2019年习近平总书记至少三次在公开场合提出这个问题：一次是2月在中央政治局第十三次集体学习时强调，深化金融供给侧结构性改革，增强金融服务实体经济能力；一次是4月在中央财经委员会第四次会议上要求，必须深化金融供给侧结构性改革，金融系统要拿出行动来；一次是7月在主持召开的中共中央政治局会议上提出，推进金融供给侧结构性改革，引导金融机构增加对制造业、民营企业的中长期融资。古人云，文以载道。好的书籍内容离不开好的表达方式和传播手段。就金融而言，需要找出金融与现实的结合点。为此我远离纯理论，尽可能用群众语言来表达，真正使枯燥的金融鲜活地进入大众视野，同时不失金融的思想性、针对性和感召力、吸引力，让读者感受其魅力，像阅读小说那般爱学爱看，甚至追学追看。

正如毛泽东在《中国工人》发刊词中强调的："多载些生动的文字，切忌死板、老套，令人看不懂，没味道，不起劲。"也许金融面孔有许多，远不止书中这十九张面孔。下一步，我还将以公开课的方式，让人感到不死板、不老套，看得懂、有味道、很有劲。说来说去，就是要让人们懂得，所有的历史都是金融演绎，所有的现实都是金融流通，所有的未来最后都是金融沉淀。

最后我们在这里衷心期待，所有的金融最终又都是绿色金融。

有人曾这么提醒我，若把《离骚》放在绿色发展群经之首，世界便是让人忧虑的；若把《诗经》置于绿色发展群经之首，世界便是美丽的。

难道不是吗？7月29日，被定为2019年的"地球生态超载日"，意味着在接下来的五个多月是人类将透支使用地球。而绿色金融，让人类在《诗经》中有了田园之美，有了山水之美；有了桃之夭夭，有了蒹葭苍苍；有了柏舟泛流，有了鹤飞于天……造化存乎一心，诗情润于笔下，智慧而又宁静致远，浑厚而又不离不弃。

呵呵，这不免让我一惊并断言，金融之后，是不是再无金融？

警惕中美贸易战演变成金融战

——第一张面孔是金融战

　　没有想到，中美贸易战还未擦枪走火，全球的资本市场财富损失就如此惨重。已经经过十多轮口水仗，人们期盼着迎来转机。这里千万别以为美国人只是为了那把关税银子，既然他们敢挑起中美贸易摩擦事端，一定是有备而来，我们必须警惕的是中美贸易摩擦可能仅是表象，核心是美国全球的金融战。

经过剑拔弩张的口水战之后，中美关系近日似乎迎来转机。2019年12月13日，中美双方均宣布已就第一阶段经贸协议文本达成一致，后续需完成法律审核、翻译校对以及正式签署等步骤。协议内容涵盖知识产权、技术转让、农业、金融服务、货币、扩大贸易和争端解决七个方面，避免了中美贸易摩擦进一步升级，稳定了投资者预期。相信这些对于缓和中美关系将产生积极作用，同时，不能忘记认清中美关系的复杂性。

记得特朗普签署对中国商品征税的当天，美国、中国香港以及中国内地股市总计暴跌损失10万亿人民币左右，仅腾讯两天就损失了市值5000亿港币。

没有想到，中美贸易战还未擦枪走火，全球的资本市场财富损失就如此惨重。在这个互联网时代，有意思的是这段时间，中国各类贸易战专家都在谈论贸易战该如何打，却罕有人从金融角度提出思考。

所以，今天我要郑重地提醒人们的是，全球股市损失上万亿美金，你以为美国政府和基金都是傻子吗？这么一细究，应该隐隐约约知晓这场贸易战背后，那些对冲基金的空头大佬们，在那天周末，绝对不是一盏省油的灯。或许，他们早已蠢蠢欲动，计划如何在全球剪羊毛。

记得那年，美国与俄罗斯进行石油战，俄罗斯损失惨重，美国石油公司也损失巨大，但是美国和中东的石油做空基金却大赚特赚。综合计算，美国和中东的资本，实际上减去实体损失却获取了丰厚的盈利，当然中国、日本作为石油进口国也因为石油价格下跌沾了光。输家就是俄罗斯和其他没有对冲基金的石油大国和企业。

不知人们有否注意，2019年6月24日《华盛顿邮报》报道称，3家中国大型银行，因拒绝执行美法院关于违反朝鲜制裁调查的传票，将面临被切断美元清算渠道的风险。随后3家银行予以澄清，中国外交部予以回应。直到这时，人们方才恍然大悟，市场终于对中美贸易战向金融战的预期发出了信号，不是吗？

千万别以为美国人只是为了那把关税银子。自然，他们敢挑起中美贸易摩擦事端，一定是有备而来——就是如何在全球剪羊毛。我们必须警惕中美贸易战可能仅是表象，核心是美国全球的金融战。为什么这么说呢？

——中美贸易摩擦有其深刻的动因。

美国这个时候挑起中美贸易摩擦，说一千道一万，是美国经济结构长期失衡带来的恶果。

早在20世纪70年代，美国就开始出现结构性贸易赤字。第二次世界大战后，以美元为主导的全球货币金融体系建立。美国要保持主要储备货币国的地位，美元要实现在全球范围内大规模流通支付，则需保持贸易赤字和一定财政赤字，以向外输出美元或债务。

美国经济学家罗伯特·特里芬在《黄金与美元危机》中提出一个观点：当一国货币被作为世界主要储备货币时，会出现一个悖论，即为了保证国际支付的需求，该国的国际收支不可避免地会出现经常项目赤字，而该国货币要保持国际货币的信用，又需要有经常项目的顺差作为支持。

依照特里芬悖论，美国的经常项目赤字是美元国际储备货币的地位的必然产物，与别国没有什么关系。时下特朗普既想保留美元霸权，又想消灭贸易逆差，天底下哪有这样的好事。

事实上，美国经济结构性失衡是国际分工、国内宏观环境、产业特征、居民消费习惯等众多因素影响叠加的结果。大敌当前，特别是在美国政府持续扩张的财政赤字和外债规模进一步恶化经济结构的情况下，是否能够通过双边贸易妥协加以改善，恐怕谁都心知肚明。问题是特朗普就是这么"一根筋"的人，使得中美贸易摩擦爆发：

从2017年8月，美国总统特朗普指示美国贸易代表办公室（US-TR）对中国开展301调查。2018年3月，USTR发布了调查结果《301报告》，特朗普据此宣布，将对500亿美元的中国商品加征关税。

到2018年5月，美方谈判代表团提交《平衡美利坚合众国与中华人民共和国之间的贸易关系》，美方开出的要价清单包括加征关税、加大进口、知识产权保护，多次提及"Made in China 2025"。

7月6日起，美国对340亿美元的中国商品加征25%的进口关税。8月23日，美国对第二批价值160亿美元的中国商品加征25%的进口关税。

9月18日美国政府宣布，从9月24日起，对约2000亿美元进口自中国的产品加征关税，税率为10%，并将在2019年1月1日起上升至25%。

10月1日，美加墨协定谈判成功，设置毒丸条款，规定美加墨三国都不得"擅自"与"非市场经济"国家签署协定。同时，美国推动将该条款纳入同欧盟和日本的贸易协定。

直至2019年5月6日，美国总统特朗普公开表示对中美经贸磋商进度的不满，并提出将从5月10日开始对中国2000亿美元输美商品加征关税，关税税率从10%提高到25%，并将在短期内对另外3250亿美元商品加征关税。

——中美贸易摩擦已经升级为科技战。

中美贸易战开战一年多，美国对中国知识产权保护力度不足、强制技术转让等问题上的指责，已经暴露作为世界霸主的美国对于失去科技优势的担忧。

所以，这时美国开展贸易战，更多是一个幌子，或者说是虚晃一枪。特朗普政府利用美国巨大的技术优势，展开咄咄逼人的攻击，特别是对中国的高科技企业疯狂围堵，这才揭开了"中美科技冷战"的冰山一角。

2018年4月16日晚，美国商务部发布公告称，美国政府在未来7年内禁止中兴通讯向美国企业购买敏感产品。7月2日，美国商务部发布公告，暂时、部分解除对中兴通讯公司的出口禁售令。中兴向美国支付4亿美元保证金。

6月11日起，美国主要针对科学、技术、工程、数学专业中国留学生重新收紧签证发放时间，并对在美国高科技企业和智库工作的中国"千人计划"以及华裔科学家进行限制。

11月1日，美国财政部外国投资委员会，依据6月美国国会通过的《外国投资风险审查现代化法案》，正式加强对航空航天、生物医药、半导体等核心技术行业的外资投资审查，同时法案还规定美国商务部部长每两年向国会提交有关"中国企业实体对美直接投资"以及"国企对美交通行业投资"的报告。

11月20日，美国商务部工业安全署公布拟制定的针对关键技术和相关产品的出口管制体系并对公众征询意见，拟对生物技术、人工智能（AI）和机器学习等14类核心前沿技术进行出口管制。

2019年1月29日，美国司法部宣布对华为提出23项刑事诉讼，并将向加拿大提出引渡华为副董事长、首席财务官孟晚舟的请求，在全球范围内打压华为持续升级。

2月7日，美国白宫发布未来工业发展计划，将专注于人工智能、先进制造业技术、量子信息和5G技术四项关键技术来推动美国繁荣和保护国家安全，与中国开展竞争。

5月16日，特朗普不惜代价签署总统令，宣布美国进入"国家紧急状态"，以禁止美国企业与包括中国高科技旗舰企业华为公司在内的一切被控会"威胁"美国国家安全的公司进行商业交易，试图切断华为供应链。

据彭博社等报道，美国正考虑将更多中国高科技企业纳入"不可靠实体清单"，扩大贸易管制范围。

——中美贸易摩擦向金融战方向演变。

中美贸易战升级的同时，科技战也持续发酵，而人民币汇率的变化，也引发贸易战将演变为金融战的猜测。

这里提醒人们，不可小觑的就是贸易战升级为金融战。正如中国财经金融评论家余丰慧分析认为，人民币确实有贬值的内在诉求，适度贬值是应该的，有利于扭转出口不利的局面。

但如果从打贸易战角度观察，依然要慎重考虑。"一旦美元以及其他货币开始竞争性贬值的话，全球性汇率金融大战就会燃起。到时候，即使这么庞大的外储也将面临资本外逃，特别是逃回美国的巨大压力。"

2019年5月20日，人民币兑美元即期汇率收盘微跌三个点，盘初汇价高开后一路震荡回落；中间价则大跌129点至近五个月新低。

6月24日，《华盛顿邮报》有报道称，3家中国大型银行，因拒绝执行美法院关于违反朝鲜制裁调查的传票，将面临被切断美元清算渠道的风险。

7月23日，外交部发言人华春莹主持例行记者会，有记者问道，《纽约时报》近日援引相关数据报道称，由于当前中美之间的争端，美国来自中国的投资暴跌了近90%，并表示这数据体现了中美双方之间的"不信任"，中方能否证实相关数据？对此有何评论？华春莹回应称，关于中国企业对美投资具体数据，我不掌握。但我也注意到在《纽约时报》刊登的这篇报道，美方肆意抹黑和无理打压中国的公司和企业，毫无疑问不仅已经影响中国投资者对美国政策和市场的信心，也必将影响其他各国投资者对美国市场的信心。

随之而来，美方是否会将部分中国金融机构从美国金融体系中切断？是否会使用长臂管辖权，对部分中国金融机构开出巨额"罚单"？是否会认定中国为汇率操纵国，要求人民币汇率大幅升值？是否会要求中国开放金融体系、投资限制、资本账户，包括短期资本账户，以方便冲击中国金融市场？是否会利用基础设施优势，切断美元交易？是否会下调中国主权及中资企业评级，提高中方的融资成本？是否会禁止中国企业赴美上市融资，做空中资股……

没错，当中美贸易战升级成科技战，并有滑向金融战的可能时，国内确有流行观点认为，贸易战、技术战之下，不妨发动金融战，如人民币大幅贬值，抛售美元国债等，这样全面开战、多管齐下才能速战速决。

其实，这是非常危险的举动。或许，这正中了班农的隔离中美资本市场的图谋。虽说中国拥有1.1万亿美元的美国国债，大举抛售却并不现实；汇率政策亦很难作为应对武器。何况，中美金融市场深度和广度存在差距，美方可以利用美元霸权，向中国金融企业、国际化企业和在美上市的中国高科技企业施压。

这时我们倒应责问美国的是，你们口口声声地说，美国是百分之百市场经济的强国，现在为什么反倒成了百分之百反市场经济的斗士？

"劳动生产力上最大的增进，以及运用劳动时所表现的更大的熟练、技巧和判断力，似乎都是分工的结果。"现代经济学之父亚当·斯密在《国富论》开篇对"分工"的定义，奠定了自工业革命以来世界经济学的基石。如同一些美国知名学者所言，如果说美国的发展是一个奇迹，那么奇迹的源泉之一就是这部著作。

时至今日，美国的一些政客似乎早已忘记了自己的来路，或者明知世界经济发展的正道，却为一己之私利不顾一切要挡住别人的路。市场这只

"看不见的手"，正在被华盛顿那双"霸道的手"束缚。

显然，这是美国利用其超级大国的优势地位，将霸凌主义演绎得淋漓尽致，就像美国总统贸易顾问彼得·纳瓦罗更是露骨地说，"由于美国拥有远远大于其他国家的实力，其他国家不敢(对美国)采取报复性措施"。

现在中美贸易摩擦，是良民遇见刁民。说穿了，美方的战略意图和底牌，绝不是缩减贸易逆差那么简单。越来越多的迹象表明，这是美国打着贸易摩擦的旗号，剑指中国经济崛起和产业升级，尤其是对中国高科技领域的战略遏制和"围猎"。随着从贸易摩擦到科技战、金融战的升级，中美贸易、科技、金融"脱钩"的风险上升。

我们必须丢掉幻想，充分认识中美贸易摩擦的长期性和严峻性。更加清醒地认识到中国在科技创新、高端制造、金融服务、大学教育、关键核心技术、军事实力等领域与美国的巨大差距；更加清醒地认识到中国在减少投资限制、降低关税、保护知识产权、国企改革等领域还有很多工作要做；更加清醒地认识到随着中国经济快速发展，以及中美产业关系逐渐从互补走向竞争，中美关系已从合作共赢走向竞争合作甚至战略遏制；更加清醒地认识到必须坚定不移地推动中国新一轮改革开放，保持战略定力。

同时，我们还必须清醒地认识到，中国经济发展的巨大潜力和优势，新一轮改革开放将释放巨大红利，最好的投资机会就在中国：中国有全球最大的统一市场，有全球最大的中等收入群体；中国的城镇化进程距离发达国家仍有20个百分点的空间，潜力大；中国的劳动力资源近9亿人，就业人员7亿多，受过高等教育和职业教育的高素质人才有1.7亿，每年大学毕业生有800多万，人口红利转向人才红利；中国的新经济迅速崛起，独角兽数量仅次于美国；中国GDP增速6%以上，是美国的2—3倍；新一轮改革开放将开启新周期，释放巨大活力。

美国真正的问题不是中国，而是自己，如何解决民粹主义、过度消费模式、贫富差距太大、美元特里芬难题等。20 世纪 80 年代美国成功遏制日本崛起，不是因为日美贸易战，而是因为里根的供给侧改革和沃尔克的遏制通胀的成功。

中国真正的问题也不是美国，而是自己，只要做好改革开放，只要勤修内政，没什么拿不起的，别被人牵着走。贸易战本质上是改革战，面对内外部形势，我们最好的应对是更大力度、更大决心地推动改革开放，建设高水平市场经济和开放体制，大幅放活服务业、大规模减税降费、推动金融供给侧结构性改革，营造国企、民企、外企公平的竞争环境，激发民间投资积极性。

也许是"祸兮福之所倚，福兮祸之所伏"。

欣慰的是，中美经贸摩擦持续一年多的大背景下，中国经济的活力和韧性备受世界关注。据国家统计局 2019 年 7 月 15 日发布的上半年宏观经济数据，显示出中国经济总体平稳、经济高质量发展取得新进展的良好态势，为世界经济注入信心因素。有国际舆论评价称：中国经济数据与市场预期相符，全球市场因此得到提振。

反之，中美贸易摩擦对美国出口、就业、通胀等均带来负面冲击，进一步加剧美国经济不均衡的问题。北京时间 2019 年 6 月 20 日凌晨，美联储宣布维持联邦基金利率目标区间 2.25%—2.5% 不变，下调通胀预期。美联储议息会议释放的降息信号，暗示中美贸易摩擦短期内可能有望缓和，也降低美方继续发起金融战的可能性。

从长期来看，无论美方是否挑起金融战，中国也应当继续深化对内对外金融市场体制机制改革。习近平总书记说得好："中国不觊觎他国权益，不嫉妒他国发展，但决不放弃我们的正当权益。中国人民不信邪也不怕邪，不惹事也不怕事。"[1]要未雨绸缪，在危与机之间主动出击，不能等

---

① 2016 年 7 月 1 日，习近平总书记在庆祝中国共产党成立 95 周年大会上的讲话。

上帝来造化。具体就是——

有"乱云飞渡仍从容"的自信，加强高科技规划布局。中兴事件、华为事件给国人极大的警醒：科技兴国、科技救国绝非空话！对世界未来科技核心技术，由国家提前布局、重点投入研究开发。

有"千磨万击还坚劲"的韧性，加大人才培养与开发。实施国际化金融资本人才培养战略工程，建设具有国际竞争力的、一流的金融教育培训基地；加大人才引进，培养立足中国本土融投资专家以及新资本运作高手（CCP）。

有"咬定青山不放松"的定力，国际贸易逐步去美元化。双边贸易大力推广货币互换，掌握结算货币主动权与汇率市场定价权。稳步推进人民币国际化，提高人民币在国际贸易和投融资结算的比例。

有"笑看人间沉浮事"的淡然，建设抗击的金融平台。增资亚投行，注册资本逐步超过世界银行，成为真正"世界银行"；充分利用"国家外汇储备+黄金储备+美债"，作为反击围堵封锁的工具。

有"长风破浪会有时"的豁达，提升对外"剪羊毛"与"反剪羊毛"技能。充分利用国家外汇储备和国内外金融资源支持中国企业海外"剪羊毛"；优先扶持本土投融资中介机构发展，成立"中国企业全球并购基金"，全力扶助中国企业海外并购"剪羊毛"。

必须说明白，美国霸凌主义吓不倒中国。中国经济是一片大海，而不是一个小池塘。经历了无数次狂风骤雨，大海依旧在那儿！经历了5000多年的艰难困苦，中国依旧在这儿！面向未来，中国将永远在这儿！

找回金融的温度与情感

——第二张面孔是稳金融

有人对金融与实体脱节用诗埋怨道："我和寒风走散了/它在大声呼喊/我在急切张望/不知是谁把我们撕碎……"稳金融，对金融部门来说，不能让金融再是一个冷面杀手，而是有人情味，能知人间冷暖；对企业来说，不该自暴自弃，可否改变一张面孔，人穷志不短。有时稳金融，就得一半清醒一半醉。

谁不知，金融是经济的血脉。用"撕碎"来描摹金融与实体的脱节，唯有体会过金融"上刀山下火海"的人，才会有这样的痛楚。

如今又是一年，曾经缺少温度与情感的金融，何时是归期？

我曾参加一个岁末金融交流活动，聚餐时和我同一桌的人一半来自搞实体的企业，一半来自搞虚拟的金融部门。可能彼此都印象不佳，现在让他们坐在一起，肯定有点冤家路窄。这时有人开腔："实体企业都是被你们这些金融家玩死的。"有人干脆骂起来："金融都是被你们这些企业家逼疯的。"

我怕他们在酒桌上闹起来，就乐呵呵地引用法国女作家乔治·桑在写给钢琴家肖邦的第13封情书中所言："我们彼此的心，红得已超过希农城堡的葡萄酒了。"有人不知我安何心，端着酒杯申明："今天的酒，我们可没有女作家的那种雅兴。"

但我还是耐着性子，让他们统统把酒杯放下："你们看看自己面前的酒，怎么都是黑色的？为什么我们彼此的心，见不到希农城堡葡萄酒的红色呢？"我知道，此刻将它饮下去，大家一定会比喝一杯苦酒更苦。于是，我一本正经起来：

2018年7月末，中共中央政治局会议研判当前经济运行，破例将"稳中向好"改为"稳中有变"，同时强调做好"六个稳"，即稳就业、稳金融、稳外贸、稳外资、稳投资、稳预期。

如何理解这"六个稳"？千万别从字面上理解，稳金融仅排在第二位。我认为稳就业是基础，稳金融、稳外贸、稳外资、稳投资是手段，稳预期才是目的。在这里，稳金融显然列为手段中的第一位。可见做好当下金融工作，是何等的重要。在金融这个问题上，我们必须要有清醒的认识和客观的判断，这就要求我们"促改革调结构"的根本措施不能动摇。

当务之急"稳金融"就是要坚持"两手抓"，既要稳住金融市场和金融体系，更要在此基础上稳住金融服务实体经济。正如 2018 年 11 月 1 日，习近平总书记在民营企业座谈会上强调的——在中国经济走上高质量发展道路的背景下，民营企业遇到当前的困难和问题是不可避免的。总书记在讲话中一再重申了"两个毫不动摇"这一基本方针，释放了正本清源、提振信心的强烈信号，强调一定要打破"卷帘门""玻璃门""旋转门"等隐形壁垒，解决好为民营企业做好服务，特别是中小企业融不到资的问题。

总书记还指出，对于民营企业历史上曾经有过的一些不规范行为，要以发展的眼光看问题，按照罪刑法定、疑罪从无的原则来处理，让企业家卸下思想包袱，轻装前进。可以说，总书记的讲话回答了所谓"历史原罪"问题的解决办法；总书记的重要讲话既给民营企业家吃了"定心丸"，也给金融机构和金融管理部门吃了"定心丸"……

人们见我说得很中肯，从一开始的粗吼大嗓，变成细语小声，各自只顾自己闷头喝酒。见状，我觉得这好似喝"闷酒"，那可不行！

那么，这杯"稳金融"的酒，我们到底怎么喝下去呢？

对金融部门来说，我觉得这杯酒应该喝出——感情。

从"稳金融"角度，不能让金融再是一个冷面杀手，而应该懂人情、知冷暖、有感情，以此稳定融资、稳定信心、稳定预期，因为金融市场具有脆弱性、敏感性和外部性。2018 年以来经济金融指标变化已经充分反映出这些特点，尤其是近期国内金融市场波动加剧，稳住股市、汇市和债市等金融市场以及金融体系至关重要。如汇市，受美元指数走强和贸易摩擦等因素影响，人民币汇率波动加剧，再次临近"7"的心理关口。所以，稳住金融市场，就是要在加强金融监管的同时充分考虑金融机构和市场的承受能力，还要把握好力度和节奏，防范发生"处置风险的风险"。对具体业务和领域，不采取"一刀切"和急刹车的办法，而应新老划断，区别对待。具体来说：

提高思想认识。推动形成对民营企业"敢贷、能贷、愿贷"的信贷文化。"敢贷"就是要求银行业金融机构建立尽职免责、纠错容错机制，加快制定配套措施，修订原有不合理制度，激发服务民营企业的内生动力。"能贷"就是要求银行业金融机构信贷资源向民营企业倾斜，制定专门的授信政策，下放审批权限，单列信贷额度，确保对民营企业始终保有充足的信贷空间。"愿贷"就是要充分考虑民营企业的经营特点，重新审视、梳理和修订原有考核激励机制，使从事民营企业业务的员工所付出的精力、所承担的责任与所享受的考核激励相匹配，充分调动其积极性、能动性。

完善约束机制。把业绩考核与支持民营经济挂钩，优化尽职免责和容错纠错机制。2018 年前三季度，我国银行业单户授信 1000 万元以下（含）小微企业贷款增长 19.8%。充分发挥保险资金长期稳健投资优势，允许保险资金设立专项产品参与化解上市公司和民营企业股票质押流动性风险，不纳入权益投资比例监管。目前已有 3 只专项产品落地，规模合计 380 亿元。

拿出真金白银。要努力加大不良资产处置，盘活信贷存量，推进市场化、法制化债转股，建立联合授信机制，腾出更多资金支持民营企业。2018 年前三季度，金融部门签约债转股项目 214 个，签约金额 1.8 万亿元，落地项目131个，落地金额近4500亿元，这些项目中既有国有企业，也有民营企业。对出现股票质押融资风险，特别是面临平仓的民营企业，在不强行平仓的基础上，"一户一策"评估风险、制定方案，采取补充抵质押品等增信方式，稳妥化解其流动性风险。从总体情况看，银行业金融机构目前都能稳妥处理股权质押风险，没有出现平仓踩踏。此外，由于综合运用直接融资和间接融资渠道，充分调动了信贷、债券、股权、理财、信托、保险等各类金融资源。

降低融资成本。要多措并举降低民营企业融资成本，督促金融机构减免服务收费、优化服务流程、差异化制定贷款利率下降目标。2018年第三季度，18家主要商业银行（5家大型国有银行、邮储银行以及12家股份制银行）对小微企业放贷平均利率为6.23%，较一季度下降约0.7个百分点；城市商业银行、农村中小金融机构分别降低了0.28和0.85个百分点；微众银行等互联网银行对小微企业的平均利率下降了1个百分点。

对实体企业来说，我觉得这杯酒应该喝出——温度。

从"稳金融"角度，企业不能自暴自弃，可否改变一下面孔，人穷志不短，以此稳定外贸、稳定外资、稳定投资。近年来，民营企业融资难、融资贵问题有所改善，但没有得到根本好转，与企业的需求、期望相比还有差距，特别是当前受国内外各种因素影响，民营企业融资难融资贵问题比较突出，甚至有所加剧。

以实体经济为本。一方面，货币和信贷政策要继续做好"加法"，稳健的货币政策要保持松紧适度，把好货币供给总闸门，继续优化流动性的投向和结构。进一步疏通货币政策传导机制，加大对金融机构的正向激励，使流动性能够更有效率地注入实体企业。另一方面，财政和税收政策要真正做好"减法"。"稳金融"不能仅将目光局限于货币信贷政策这一总量性政策，还应推进其他各项政策协同发力，特别要尽快将"减税降费"

等改革措施真正落到实处，减轻企业和个人负担，激发市场主体活力，发挥财税政策在扩内需中的重要作用。同时，财政政策要更加积极，与金融政策、产业政策形成合力，为稳投资筑底托底。要以国家融资担保基金成立为契机，充分发挥政府性融资担保体系的作用，进一步改善"小微""三农"融资环境。

以总书记的话为遵循。 习近平总书记在民营企业座谈会上特别强调逐步降低融资成本，这就要求我们对国有企业和民营企业一视同仁、同等对待。评价一个企业，不要看它的所有制，不要看它的规模大小，主要还是看它的治理结构、风险控制能力、技术发展水平和市场需求情况。要明确规定，银行在信贷政策、信贷业务和内部考核方面，不得有任何所有制歧视。更不能搞简单化"一刀切"，要客观对待民营企业发展中遇到的困难，实施差异化信贷政策，采取精细化、有针对性的措施，帮助民营企业摆脱困境。

具体来说，可能有三种情形：

一种是企业在环保、安全生产、产品质量等方面出现突然性风险事件。对这种情况需要按"一企一策"进行逐一研判，帮助采取化解和改进的办法与措施。

一种是出现信用违约的情况。比如，企业贷款或者债券到期还不上，这个问题2019年以来比较突出。要求银行和企业作为一个利益共同体，一起面对困难，分析具体原因，不简单断贷、抽贷和压贷，避免给企业造成致命打击，也减少银行自己的债权损失。

还有一种是对于出现民营企业家涉嫌违法或配合纪检监察调查等事件的，要求银行业金融机构加强与地方政府的汇报、沟通，千方百计保障民营企业生产经营，稳定民企就业和信心；相关银行业金融机构要组成债权人委员会，采取一致行动。对上述情况，我们在不断总结经验，也积累了一些行之有效的办法，将不断完善和推广。

以完善机制为动力。要求我们尽快建立民营企业融资成本管理长效机制，制定民营企业特别是小微企业贷款利率压降目标，加大监测力度。银行要通过内部资金转移定价优惠、贷款流程管理优化、提升差别化利率定价能力、下调转贷利率、减免服务收费等方式，缩短民营企业融资链条，清理不必要的"通道"和"过桥"环节，合理管控民营企业贷款利率水平，带动降低总体融资成本。

无论是虚拟还是实体，金融机构和实体企业本质上是一个利益共同体。这就需要我们各自进一步提高站位，树立"银企命运共同体"的意识和思想，充分认识到金融与实体经济共生共荣的关系。实体经济是金融的根基，金融是实体经济的血脉，为实体经济服务是金融的天职，是金融的宗旨，是金融立业之本，也是防范金融风险的根本举措。服务民营企业是银行的战略性业务，成长潜力极大，占的比重会越来越高。可以说，民营企业好，则金融好；民营企业兴，则金融兴。帮助民营企业渡过难关，就是帮助金融业迈过打好防范化解金融风险攻坚战这个重大关口。

话说回来，最佳的"稳金融"是什么？可能就是一半清醒一半醉。亦如这日日斟出一杯微甘的苦酒，不太少，不太多，以能微醉为度，送给人间，使饮者可以哭可以笑，也如醒也如醉，若有知若无知，也欲死也欲生。

那好吧，就让我们一起举杯，为了这个美好的"稳金融"——干杯！

在觉醒中存念金融初心
——第三张面孔是企业融资

有人说民营企业遇到了"三座大山"：市场的冰山、融资的高山、转型的火山。这向我们提出一个思考，金融初心到底是什么？金若不能融，则不能为金。这就要求我们"金之初，性本善。"因为金融真正的魅力，不是锦上添花，而是当企业召唤的时候，我们能以雪中送炭的壮举，践行金融的职责与使命。

2019年12月22日，中央专门出台了《关于营造更好发展环境支持民营企业改革发展的意见》，围绕营造市场化、法治化、国际化营商环境，推动民营企业改革创新、转型升级、健康发展，提出一系列改革措施，对于进一步激发民营企业活力和创造力、推进供给侧结构性改革、推动更高质量发展具有重要意义。

没错，如何帮民企翻越"三座大山"也成了全社会热议的话题。近日，我遇见一位省行老总，他直面矛盾感叹道："金融行业真正的魅力，并不在于锦上添花之功，而在于当实体企业需要我们的时候，我们能以雪中送炭的壮举，去践行金融赋予我们的职责与使命。"

听到这里，我拍案叫好："这不就是金融久违的初心吗?!"没有想到，那位老总反倒问我，金融初心到底是什么？我套用三字经的话，脱口而出：可谓是"金之初，性本善"。

因为中国历史上最早出现的金融业态，应该是南北朝时期的典当。1500多年的中国民间金融史，已经告诉我们：一个好的、可持续发展的金融业态，必须是建立在救急救穷的初衷上的，是对社会具有正面效用的。金融的公共性，也就是普惠性、公平性和平等性必须被满足，这才是我们所认为的"好金融"。好金融就是通过整合社会优质资源、合理优化配置资源来推动社会的和谐发展和进步。

话说到这个份上，金融是不是应该觉醒了？就在我们六神无主时，有一天我在书中偶见毛泽东的一句话："将来趋势，很可能从民歌中吸引养料和形式。"我傻傻琢磨许久，恍然大悟。第一时间找来唐诗和宋词，发现唐诗主情韵，开朗俊健，以境取胜；宋词主理致，深幽曲折，以新意出胜。而我更喜欢宋词注重气骨、长于思理的形式，认为苏轼当为宋词诗坛影响最大的作家。这么一想，我马上觉得苏轼有五首词，既写尽了一个人一生的各种滋味，也揭示了中国金融的辛酸苦辣。

这不，苏轼看破人生路时，在《西江月·平山堂》中留下这样的叹息："休言万事转头空，未转头时皆梦。"不是吗？近年金融业爆发各种风险和乱象，比如乱加杠杆、乱做表外业务，部分互联网金融业务打着创新的名义搞非法经营活动等。反映了金融脱离实体经济带来的负面效应，导致社会资本离开实体经济流向虚拟经济，使实体经济发展缓慢。而金融服务业等虚拟经济过度膨胀形成泡沫，对实体经济负面影响越来越明显。

接着，苏轼直面人生风雨，无奈在《定风波·莫听穿林打叶声》下我行我素道："竹杖芒鞋轻胜马，谁怕？一蓑烟雨任平生。"此刻，面对金融乱象，实体经济开始肆无忌惮。为了找出它们的运行轨迹，笔者将时间拉长后发现：21世纪头十年，发大财靠房地产。当时喜逢中国进行住房改革，许多企业抓住这个千载难逢的机遇期，纷纷把手头上能用的土地，全部交给造房运动。大的实体企业，几乎无一不跨界做房地产，这时无论是造房子的还是炒房子的都大发横财。21世纪第二个十年，借助互联网，发财靠资本融资。脱实向虚严重化，大家应该都很熟悉这一波互联网的浪潮。这时企业赚钱或者不赚钱都不是最关键的，关键看你会不会讲故事。一年亏损几十亿元不害怕，年底照样发奖几十亿元，于是近几年的创业创新风起云涌，其实大部分初创企业还处于磨炼期，能否成长为影响力深远的企业还很难判断。但不管怎么样，这至少是离我们最近的一次双创时代。

　　有一天，苏轼终于醒悟过来，在《临江仙·送钱穆父》中向世人大声疾呼："人生如逆旅，我亦是行人。"怎么办？得知这些利弊关系之后，大家可能要问，人们的初心哪里去了？这个问题问得好，对今天的中国实业家来说，也许谁都不缺"精进之心""奋斗之心""谦卑之心"，但对"初心"，却普遍有陌生感。

　　我们的金融或实体企业，整天就知道急着奔跑，急着创新，急于做风口上的"猪"，这曾是屡试不爽的成长策略，但是，当自己成为最大对手，就需要通过"初心"来重启。当然，在变革时代寻找"初心"，并不是让你回到原点，而是在自己的肩膀上，找到新的起点。这就向我们提出一个命题："我是谁，我从哪里来，我要到哪里去？"当然，这是一个哲学命题。

　　这时银行亟待解决的是——"'钱'往哪里去"？

　　为实体经济服务是金融的天职。金融与实体经济是不可分割的共同体。实体经济是金融发展的根基，脱离实体经济的支撑，金融的繁荣是虚假的。金融是实体经济的血脉，没有金融"血液"的滋养，实体经济就不能蓬勃发展。金融所创造的虚拟经济与创造价值的实体经济两者比例要适当。金融若不直接进入实体经济而在虚拟经济中"空转"，便会形成"泡沫"。一些资金从银行到信托和其他金融机构，再到实体经济，这过程推高了资金成本，虚增了金融业的利润，抬高了实体经济融资成本。我国0.5%的大型企业拥有50%以上的贷款份额，而88.1%的小型企业贷款份额不足20%，90%以上的民营中小企业无法从银行获得贷款。现在房地产业创造的GDP只占全国的5%，却占了25%的信贷资源。显然，资金流入实体经济的配置严重错位。金融机构逐利忘本可见一斑，金融的核心是流动性，金融机构不以普惠为责任，却把利益放在首位。

这时实体企业亟待解决的是——"'企'往哪里去"？

当下实体经济普通遇到的堵点和痛点，是融资难、融资贵。实体发展的路上，不管是绝世英雄，还是平民百姓，抑或是达官显贵，无不先要解决生计，然后才是发展问题。这个时代，没有钱是万万不能的，有时候一分钱难倒英雄汉。这让我想到一句话："出来混，早晚都是要还的。"既然要还，那就改革，千万不要坐以待毙，我们要做企业主人，改变企业的命运，全靠我们自己。

终于，苏轼在婉转深沉皆浮云时，在《浣溪沙·细雨斜风作晓寒》中表达对浅烟疏柳、香茶春蔬的喜爱，"蓼茸蒿笋试春盘，人间有味是清欢。"究其根本，金融脱实向虚的原因还在人心，人心脱实向虚，急功近利，不问耕耘，只要收获。因此我们需要回归正确的投资方向，不再盲目地追逐眼前利益。

一方面，实体企业必须回归主业，不要为追求高利润而放弃主业。面对盈利下滑，部分企业持币观望，大量资金留在账户上，投资意愿不足。还有不少上市公司"不务正业"，大量实体企业也介入银行、保险等金融业投机赚快钱。企业要创业、守业、创新发展，需要一个长期艰苦的过程，守业是定力，贵在坚持，不能只摘果子不种树。

另一方面，金融业要守住本职，让资金融通到实处，让金融之水回归实体经济，激活实体经济的发展。在国家五行中，政治为金、经济为木、金融为水、军事为火、教育为土，所以经济与金融是命运共同体，一损俱损、一荣俱荣。离开了实体经济这个根基，金融业将吞下自我膨胀的恶果。一个国家遵循五行之道才能促进经济和金融良性循环，才能持续健康发展。

后来，苏轼直面此身飘摇无处寻，在《定风波·南海归赠王定国待人寓娘》中发出了惊天呐喊："试问岭南应不好，却道：此心安处是吾乡。"

这时文章开头的那位行长，终于醒悟过来，又匆匆找到我，分享了他30年的金融实践：一个关于"好金融"的运行思考：

一个核心就是信用。 作为中介机构，金融可以通过货币和杠杆"无中生有"地产生和放大自己的能力，这种能力依托于每一家机构的信用。信用是"无价"的，信用也是"有度"的，需要时间的积累。金融模式的确立，金融机构架构、流程、文化、团队的建立和磨合，均非一日之功。因此在金融的发展中，必须要珍视自己的信用，千万不能急功近利。

两个逻辑就是国家逻辑与市场逻辑。 金融有很强的外部性，出了问题最后都是国家买单，包括美国这样主张自由市场的国家也概莫能外，类似"两房"这样的危机仍然是政府兜底。因此在金融实践中，必须坚持普惠、透明、安全的国家逻辑第一，注重效率和价值的市场逻辑第二，平衡好金融的商业属性和公共属性。

三个门槛就是资本、人才和机制。 金融行业毫无疑问是资本密集、人才密集型的，为什么要加一个机制呢？因为没有好的机制保证，资本和人才的效果都会大打折扣。机制是"1"，人才、资本，乃至文化、技术都是"0"。找到一个正向、合理、符合机构自身特点和发展阶段的机制是需要时间不断磨合的，俗话说"赚钱容易分钱难"，金融机构的决策者需要在机制设计上花更多的精力。

四个要素就是杠杆、风险、规模和效率，相当于汽车的四个轮子，互相影响和牵制，缺一不可。 比如风险控制不好，就可能杠杆不起作用，规模出不来。因此这辆汽车需要一个优秀的驾驶员，也就是金融机构的决策者。决策者需要根据机构发展的不同阶段采用不同的管理模式，不能沉迷于过去成绩，也不要照搬外来的案例。

五个关系就是要处理好用户、团队、股东、同业、监管。 我们需要知道"用户是谁？如何为用户服务？""团队是谁？怎么形成合力？"股东、

同业、监管则共同构成了金融机构的外部生态，只有协调处理好这些关系，金融机构才能有一个比较好的发展环境。

六个合力具体是：业态要"综合"而丰富，风险控制水平才能提高，收益才能提高；资本要"混合"，必须找到能够带来智慧、产业和公司治理改善的优秀资本，没有资本只玩资金是做不好金融的；技术要线上和线下"融合"；产业要"结合"，包括产融结合、贸融结合、科融结合、融融结合、政融结合等；资源要"整合"，不能自弹自唱；金融工具要"组合"，信用才可以连接和延伸。

如此娓娓道来，我不敢确定能否帮他寻找到金融初心，但对于什么是金融初心，我可以复述一下习近平总书记在民营企业座谈会上的决断：解决民营企业融资难、融资贵问题，就是要优先解决民营企业特别是中小企业融资难甚至融不到资问题，同时逐步降低融资成本；改革和完善金融机构监管考核和内部激励机制，把银行业绩考核同支持民营经济发展挂钩，解决不敢贷、不愿贷的问题；扩大金融市场准入，拓宽民营企业融资途径，发挥民营银行、小额贷款公司、风险投资、股权和债券等融资渠道作用；对有股权质押平仓风险的民营企业，有关方面和地方要抓紧研究采取特殊措施，帮助企业渡过难关，避免发生企业所有权转移等问题。

同时，对地方政府加以引导，对符合经济结构优化升级方向、有前景的民营企业进行必要的财务救助。省级政府和计划单列市可以自筹资金组建政策性救助基金，综合运用多种手段，在严格防止违规举债、严格防范国有资产流失前提下，帮助区域内产业龙头、就业大户、战略新兴行业等关键重点民营企业纾困。高度重视三角债问题，纠正一些政府部门、大企业利用优势地位以大欺小、拖欠民营企业款项的行为。当前一些民营经济遇到的是发展中的困难、前进中的问题、成长中的烦恼，一定能在发展中得到解决。政府搭把手、金融努把力，"三座大山"绝非不可逾越的障碍，更阻挡不了中国民营企业发展壮大的脚步。

"没有比人更高的山，没有比脚更长的路"。翻越"三座大山"，既是当前金融部门的必修课，也是中国经济高质量发展的磨刀石。大家心往一处想、劲往一处使，民营企业就没有过不去的坎，也终将在闯关夺隘中把自身磨炼得越来越强健。

可见，太极征万物，词高艺入流。苏轼的诗词作品与他作为文人的生命气质血脉相连，形成其创作的自然脉络。他的诗词，给人意象和念想，给人气场和诗心。诗若不能吟，则不能为诗。引申开来就是，金若不能融，则不能为金。仅此这点，就有足够力量让我们的金融不忘初心。

呵呵，金融缘何少快乐，只因未读苏东坡，那就让我们尽快在觉醒中存念金融初心吧……

金融科技的底线思维

——第四张面孔是金融科技

时下有人抱着"只要不出事、宁愿不做事"的念头，这恰恰是对底线思维的最大误解。随着人工智能、大数据、云计算等新一代信息技术加速突破应用，科技驱动的各类金融创新不断涌现。但是踩雷者的呼号声声刺耳，闻者莫不神伤。现实呼吁金融科技要善于运用底线思维，才能在金融科技实践中，下好先手棋，把握主动权。

何谓底线思维？

古语云，"君子以思患而豫防之"，有备才能无患。所谓"底线"原指"足球、篮球、羽毛球等运动场地两端的界线"，引申后指人们的社会经济活动范围不能超越的纵横两端界线。在这里，底线思维则是以底线为导向的一种思维方法和心态。

说到当下金融科技，用一句古诗来表达，或许最为恰当的是"忽如一夜春风来，千树万树梨花开"。冥冥之中就觉得，金融科技酷似"天上掉下一个林妹妹"，谁抓住了就归谁的味道。

科斯在《变革中国》中曾感叹，对中国这种科技变革带来的力量，应该来自"二元改革"，是"边缘革命"。这就是说，中国所有改革创新，都是政府的自上而下与民间创新的自下而上的合力，涓涓河水，最终汇流到大海。为此有人惊叹，"从来没有一个诺贝尔经济学奖得主，如此系统地阐述中国几十年惊心动魄的变革"，可能这是出版商的噱头，但我没觉得这是噱头。当年，我曾提笔写下《金融战国时代》一书，出版商连篇累牍不断推介，就是一个有力佐证。

在这一全球科技革命的浪潮中，作为领跑者的中国，金融科技更是趁势而上，据毕马威和金融科技投资公司H2联合发布的2018年金融科技100强榜单显示，中国金融科技公司蚂蚁金服排名第一，京东金融排名第二，陆金所排名第十。

没错，过去的2018年，对于参与网贷行业的各方可谓刻骨铭心。年中的雷潮波及投资者无数，他们是最无辜的人。踩雷的投资者的呼号声声刺耳，闻者莫不神伤。即便如此，监管部门并没有对金融科技一棍子打死，随着急剧发展和大数据人工智能技术的成熟，智能风控已经逐渐在网贷行业兴起。智能化的系统不仅提高了网贷行业的工作效率，还降低了平台的风险，所以还是持肯定态度。

在一次论坛上，互联网金融协会会长李东荣提醒我们说，在金融领域，随着人工智能、大数据、云计算等新一代信息技术加速突破应用，科技驱动的各类金融创新不断涌现，谁也无法阻挡。监管部门当然不忘金融科技的"血腥"，郑重地提出，金融科技的发展需要坚持业务底线。接着我又听到央行副行长、国家外管局局长潘功胜的大声疾呼：任何金融活动不能脱离监管体系，要严格法律法规，不能以技术之名掩盖金融活动的本质。

实话实说，过去科技主要在一二产业领域应用，当金融与科技融合，许多人在没有准备，甚至还没有弄明白的情况下，就稀里糊涂地跟风上阵，最后无疑是"惊险一跳"，或者血染成河。

无问西东，要问初心，试问金融科技的初心呢？

查阅有关资料后，我发现金融科技是由英文单词Fintech翻译而来。Fintech则是由金融"Finance"与科技"Technology"两个词合成而来。2018年11月，我有幸参加了中国互联网金融协会金融科技发展与研究工作组、新华社瞭望智库金融研究中心联合撰写的《中国金融科技应用与发展研究报告2018》的北京发布会，在围绕"中国金融科技发展面临的机遇与挑战"这一主题进行了深入讨论之后，这才脑洞大开。

为什么金融科技会风靡大江南北？就因为近年来，随着人工智能、区块链、云计算、大数据等技术的兴起，金融科技正深刻地改变着金融业态。金融科技在服务实体经济、促进普惠金融、提升金融风险管理水平、推进供给侧结构性改革等方面，发挥着越来越积极的作用。同时，创新与监管的"竞赛"也越来越激烈，当前互联网金融专项整治正逐步深入，面临如何进一步有效地发挥金融科技在推动金融服务升级、传统金融机构转型、建设普惠金融体系等方面的积极作用，如何有效应对金融科技发展过程中的风险跨界传染、技术依赖风险、放大金融顺周期性和监管套利等挑战，诸多难题还待破解。

金融界不少朋友，喜欢与我探讨一些科技金融问题。老实说隔行如隔山，好在我是爱学习的达人，完成了两部长篇小说《资本1Q84》《智能2084》，这也让我对金融科技方面那点事儿，多了些话语权——

在这里，笔者得先申明，金融科技与传统金融并不是取代和颠覆的关系。来自中国和全球的实践经验表明，无论是在中国还是在其他国家，传统金融机构积极拥抱金融科技的态势和效果正日趋明显。当下，金融科技正在逐步与实体经济深度融合，金融科技发展在提高金融服务的普惠性以及解决金融发展不平衡的问题上提供了新的手段。

当前不是都在说民营企业融资难、融资贵，笔者觉得，金融科技至少到目前是最佳的解决方式，而且不带"之一"。因为中国的金融机构在解决民营企业融资获客难、风控难方面已经积累了宝贵的经验，简单地说就是"线下靠软信息，线上靠大数据"。而实际上，最佳的模式就是线上线下相结合。比如，在民营经济发展比较兴旺的江浙一带，许多中小银行要求职员对客户的财务状况、知识水平等进行全方位的了解，通过对这些"软信息"与大数据结合来对客户进行信用评估，取得了一定的效果。

要知道，成本高、效率低、商业不可持续，这些是普惠金融所面临的全球共性难题，而传统金融服务模式和技术条件难以针对这些问题作出改进。近年来一系列数字技术在普惠金融领域的尝试应用已经证明，金融科技可以帮助提升金融服务的可获得性、成本可负担性以及供需可匹配性，从而为破解全球普惠金融难题提供了一个可行思路。

更为重要的是，金融科技有助于促进全球金融业转型升级。当前，金融科技创新正进入一个空前密集活跃的时期，人工智能、云计算、大数据、区块链等现代信息技术不断取得突破，为金融业的网络化、数字化、智能化转型创造了新的历史机遇，也提供了更加优异的技术条件。下面是我为大家从技术上做的一个疏理，不是技术派的人，这里可以选择跳过。

像人工智能技术，在风险控制、投资顾问和客户服务等金融业务场景已得到较多应用，计算机视觉、智能语音、自然语言处理等技术的应用发展相对较为成熟。但同时，人工智能技术在金融领域应用可能产生技术安全、责任主体难以认定、放大市场顺周期性等风险，面临数据共享交流整合不够、技术成熟度不足、人才储备有待加强等挑战。

像区块链技术，在金融领域的应用尚处于初步阶段，离大规模商用还有一定距离，但在供应链金融、跨境支付、资产证券化等部分业务场景已开始从概念验证逐步迈向生产实践。虽然区块链技术在金融领域的应用潜力可期，但仍存在安全、稳定性、隐私泄露、合规性等风险，面临底层技术有待发展成熟、处理速度尚难以完全满足金融业务需求、缺乏统一的金融领域应用标准等挑战。

像云计算技术，在金融领域的应用正稳步推进，我国传统金融机构积极应用私有云、行业云，金融科技公司主要使用公有云支持业务发展，典型应用场景包括IT运营管理、底层平台开放、交易量峰值分配、网络安全管理等。但同时，云计算技术在金融领域应用也可能产生过度技术依赖、服务中断、服务滥用等风险，面临稳定性和可靠性有待进一步验证、IT系统升级改造及云服务选型困难等挑战。

像大数据技术，在金融领域的应用场景广泛，主要包括反欺诈、风险管理、投研投顾、评分定价、金融监管等，大数据处理和分析技术的应用发展较快。但同时，大数据技术在金融领域应用也可能产生数据垄断、数据安全等风险，面临顶层设计和统筹协调有待进一步加强、数据管理制度有待进一步健全、数据孤岛现象有待进一步缓解、沉淀数据仍需开发等挑战。

你看看，如此"高大上"的科技金融，一边让人身不由己、捷足先登，一边又让人眼花缭乱、云里雾里。所以必须学会理性看待，积极应对金融科技带来的挑战。

就如《礼记·中庸》所说："凡事预则立，不预则废。"这个"预"的意思就是预备、防备，这样遇到事情就不用慌慌张张。这是古人对底线思维进行高度凝练后的概括。《大学》里说："知止而后有定，定而后能静，静而后能安，安而后能虑，虑而后能得。"这里的"止"，既是一种目标追求，也暗含了底线思维的思想。

这就是说，金融科技必须要有底线思维。

因为科技金融本身是一把双刃剑，在给人们带来便利的同时也酝酿着一定的风险。人们往往认为金融科技能够帮助消除不平等，但是由于数字鸿沟的客观存在，也将会让不同国家、不同群体从金融科技发展中获益的能力有所分化。我们要警惕金融科技带来的风险，但也不要避讳拥抱金融科技。应该看到，科技在金融领域的广泛应用，正在颠覆人们对这个世界的想象，也确实为人们的生活提供了更多便利；要学会用正确的心态和角度来积极拥抱金融科技，金融科技前景可期。

大数据在这里，或许并没有人们想象的那么万能。比如一些客户个人信息用于信用评估时，可能会影响信贷的公平性，诸如性别、地域、职业等指标可能对客户的还款能力有解释力，但根据这些指标进行放贷，将会涉及对某些人群的歧视。

　　而一些科技公司凭借技术优势提供金融服务产品，进入金融服务业，创造新的业务模式，其规模效应容易催生大型科技公司。而科技行业天生具有赢者通吃的属性，更可能形成寡头垄断的行业局面，这反而不利于竞争，甚至导致行业的效率下降。大型科技公司的发展会产生监管套利、不平等竞争、社会分配和宏观经济政策制定等方面的挑战。此外，大型科技公司一般实行混业经营，个别公司已经具备控股集团特征，增加了跨风险、跨市场、跨领域传播的可能性。如果这些企业长期游离在监管之外，也不受金融安全网保护，一旦出现问题就会对行业产生巨大影响。

　　值得一提的是，金融科技在创新的同时也带来一些风险，必须引起我们的关注。要促进金融科技健康发展，至少需要把握好以下四个方面关系：一是科技创新是重要的，但是科技创新代表不了制度。在科技发展的过程中，还需要完善相关法律监管方面的制度。二是要处理好创新与监管的关系。在当前金融科技发展不可逆转的趋势之下，金融监管需要考虑如何既促进创新又防范风险。三是在金融科技公司越来越多使用大数据的时候，要处理好数据使用的效率与隐私保护的关系。四是针对金融科技的发展，金融风险的形式发生了变化，监管也要与时俱进。具体来说——

　　监管者要充分利用技术手段。由于中国以及全球的金融科技尚处于快速发展的成长阶段，技术创新往往会掩盖技术运用的风险。而且，金融科技正在重构金融监管与金融业务之间的逻辑，使得很多新兴业态游离于传统的金融监管体系之外。这告诉我们一个道理，监管与创新并不是完全对立的，而是相伴而生的。适当的监管有助于加快金融科技由高速度发展转向高质量发展，回归金融本源，真正服务于实体经济。当下，全球正在金融科技的监管方面做出积极有效的探索。比如英国和澳大利亚实施了"监管沙盒"；美国则坚持功能性监管和技术中性原则，把金融科技相关业务按功能纳入现有监管体系。

普惠金融要紧盯金融科技这一新业态。近几年的"双11"，天猫、淘宝、京东平台交易量屡创新高，这至少提醒我们，新形势下的金融科技，必将引领全方位的变革，推动交易流程不断优化，资金融通成本进一步降低，不断增强金融机构核心竞争力。

金融科技要"四个维度"推进。近年来，随着大数据、人工智能等新技术的快速进阶，给传统金融业带来重大发展契机，金融的科技化是基本趋势。首先，要关注金融安全。基于人工智能与大数据的交易和投资策略可以重新定义金融市场的价格发现机制，提升交易速度，促进金融市场的流动性，提升金融市场的效率和稳定性，监管机构可以更高效地分析、预警和防范金融市场的系统性风险。其次，要注意弯道超车。目前，我国人工智能技术研究中的一些领域，比如算法研究已处于国际前列。借助这一力量发展金融科技，更有利于与实际问题相结合，最终提升金融机构生产效率。支付宝、微信支付等金融科技产品已走在了国际金融业的前列，未来我国金融机构有望基于金融科技的技术与成果实现"弯道超车"。再次，要实现民生普惠。随着大数据金融、互联网金融以及区块链技术的普及，金融科技的应用和发展可以让更多的人尤其是贫困人口以更低成本、更为便捷地获得金融服务，分享更多实实在在的改革成果。比如，我国的移动支付已开始助力"一带一路"沿线国家经济与金融发展。最后，由于不同国家文化及政治经济的差异，使得大数据的互联互通、金融与经济数据信息共享备受挑战，而解决这些难题的抓手就是利用金融科技手段。

金融科技创新与监管要同步推进。金融科技创新成业界热议话题，同时如何监管的问题也不可回避地摆在了人们面前。业内人士表示，创新和监管仿佛是一个硬币的两面，相互竞争、相互提升。一方面要鼓励金融创新，金融创新是整个金融行业得以发展的不可或缺的原动力。金融创新很大程度上是为了解决三个问题，即提升效率、分散风险和规避监管。另一方面又要把创新纳入到监管范围之内，随着技术发展，金融创新和金融监管都有很大提升，通过技术创新帮助金融行业更好地创新，也帮助监管者更好地监管，最后促进整个金融行业取得发展。

"纷繁世事多元应，击鼓催征稳驭舟"。在这里，守住金融科技底线不是我们的目的，落脚点还在于积极争取更好的结果。时下有人抱着"只要不出事、宁愿不做事"，美其名曰"守住不犯错误的底线"。这恰恰是对底线思维的最大误解。只有"有为"才能"守住"。只有善于运用底线思维，才能在金融科技实践中，下好先手棋，把握主动权。

坚冰深处春水生

——第五张面孔是稳预期

"六稳"中，唯有稳预期才是目的。面对波谲云诡的国际形势，我们不能犬儒，我们不能抱怨"那是不可改变的"，我们不能不自信，我们不能不望向历史深处。为什么不可有诗人的浪漫？"我将与生活达成妥协/却又不断地/修改自己的命运/并重新预设未知的部分"，因为每一个冬天的后面都有一个温暖的春天！

光阴之箭已经穿越年轮，时下的我们正被"经济下行压力加大"的沉重所笼罩。所以，不管你喜欢不喜欢，我还是将著名诗人大解先生的一首诗作为开篇：

　　"新年伊始，万物在轮回/希望引领着全新的岁月，已经来临/我把一年的计划书展开/勾掉一些，再添上一些/好了，就这么定了。"

　　这是诗人的情怀，时代在倒逼我们如何跳出小我。

　　奇怪的是，进入新的一年至今，江南多数地区偶见太阳，就连天堂杭州入冬后大雪就下了两场，这几天似乎又在酝酿新的雪花。我不知道这是不是吻合了时下复杂多变的经济环境？

　　从国际层面看，世界面临百年未有之大变局，各类风险叠加冲击世界经济稳定增长，国际货币基金组织等机构近日均下调了2020年世界经济增长预期。从国内看，我国经济正由高速增长阶段转向高质量发展阶段，长期积累的矛盾与新问题、新挑战交织，经济下行压力有所加大。

　　过这样的日子，其实大家早已心境澄明，我们的初心哪里去了？就是说，飘雪的时候我们可留纯真，下雨的时候我们可闻雨香，春浓的时候我们可寻花开，风起的时候我们可捡枫叶。也许2019年已经翻篇，必须肯定的是当前我国经济形势基本稳定，在严峻的国际形势和国内艰巨的改革发展任务背景下，我们按照高质量发展总要求，以深化供给侧结构性改革为主线，打好三大攻坚战，统筹推进稳增长、促改革、调结构、惠民生、防风险各项工作，国民经济运行总体平稳、稳中有进。具体是——

　　为什么要说"飘雪的时候我们可留纯真"？因为经济运行保持在合理区间，宏观调控目标较好实现。2018年国内生产总值比上年增长6.6%，实现了6.5%左右的预期增长目标，这个增速在世界前五大经济体中居首位，中国经济增长对世界经济增长的贡献率接近30%，持续成为世界经济增长最大的贡献者；全年国内生产总值超过90万亿元，比上年增加了近8万亿元。按平均汇率折算，经济总量达到13.6万亿美元，稳居世界第二位。全年CPI比上年上涨2.1%，低于3%左右的预期涨幅；2018年，城镇新增就业1361万人；城镇调查失业率全年都保持在5%左右，近几个月低于5%，实现了2018年初提出的低于5.5%的预期目标；全年进出口总额首次突破30万亿元，货物贸易规模创历史新高，保持世界第一。贸易结构持续优化，一般贸易进出口比重提高，机电产品出口比重提高，外汇储备在3万亿美元以上，人民币汇率基本稳定。

　　为什么要说"下雨的时候我们可闻雨香"？因为三大攻坚战开局良好，薄弱环节明显加强。宏观杠杆率趋稳，2018年M2（广义货币）增长低于名义GDP的增长，M2比GDP之比是202.9%，比上年下降3个百分点。2018年11月末，全国地方政府债务余额18.29万亿元，控制在全国人大批准的限额之内。脱贫攻坚成效显著，2018年全国农村贫困人口减少1000万以上。280万人易地扶贫搬迁顺利完成，预计有280个左右的贫困县脱贫摘帽。节能减排和污染防治取得积极进展，能耗强度继续下降，2018年万元GDP能耗比上年下降3.1%，清洁能源消费量比重上升。全国338个地级及以上空气质量平均优良天数比例为79.3%，比上年提高了1.3个百分点。大家关心的PM2.5的浓度为39微克/立方米，下降了9.3%。与此同时，去产能任务提前完成，去杠杆稳步推进，去库存效果显现，补短板力度加大。

为什么要说"春浓的时候我们可寻花开"？ 因为经济结构调整优化，发展新动能壮大。需求结构调整优化，投资和消费比例的关系合理变化。大家比较关注的最终消费对经济增长的贡献率，2018年为76.2%，比上年提高18.6个百分点，比资本对经济增长的贡献率高出43.8个百分点。投资内部结构优化，民间投资、制造业投资都加快增长。产业结构持续升级，服务业发挥了"稳定器"的作用。从总量看，第三产业占GDP的比重是52.2%；从增量看，第三产业增加值增速比第二产业快1.8个百分点；从工业内部结构看，加快向中高端迈进，2018年高技术制造业增加值比上年增长11.7%，占规模以上工业的比重达到13.9%，在沿海一些地区这个比重还要高；从农业看，种植结构优化调整，粮食总产量基本稳定。新产业、新产品、新业态、新模式不断成长，战略性新兴制造业、战略性新兴服务业都保持较快增长。新能源汽车、光纤、智能电视产量大幅增长，网上零售额增长超过20%。重大科技成果不断涌现，2018年北斗三号完成部署成功运营，首颗地震监测卫星升空，港珠澳大桥正式通车，科技引领发展作用不断增强。

为什么要说"风起的时候我们可捡枫叶"？ 因为居民收入和消费较快增长，人民生活持续改善，居民收入与经济增长基本同步。2018年全国人均可支配收入实际增长6.5%，快于人均GDP6.1%的增速。其中，农村居民收入增长快于城镇居民增长。国家统计局测算，我国中等收入群体人口已经超过4亿人。党的十八大以来，中等收入群体规模持续扩大。居民消费增幅加快。2018年全国居民人均消费支出实际增长6.2%，增速比上年加快0.8个百分点，农村居民人均消费支出实际增长8.4%，快于城镇居民。消费结构继续升级。2018年全国居民恩格尔系数28.4%，比上年下降0.9个百分点——该指标有一个参照系，其中OECD国家或者说发达国家的恩格尔系数是30%以下，我们在也达到了这个水平。服务消费持续提升，2018年国内旅游人数和旅游收入都增长10%以上，电影总票房突破600亿元，增长将近10%。

不可否认，时下中国最大的变化是外部环境的变化，大家非常关心国际形势的走势，变数很多，不确定性因素很多。正如习近平总书记在省部级主要领导干部"坚持底线思维着力防范化解重大风险"专题研讨班上提出的：面对波谲云诡的国际形势、复杂敏感的周边环境、艰巨繁重的改革发展稳定任务，我们必须始终保持高度警惕，既要高度警惕"黑天鹅"事件，也要防范"灰犀牛"事件；既要有防范风险的先手，也要有应对和化解风险挑战的高招；既要打好防范和抵御风险的有准备之战，也要打好化险为夷、转危为机的战略主动战。一句话，我们要看到中国发展仍处在重要战略机遇期，特别是要发挥好战略机遇期一些新内涵的作用。

从市场空间上看，我国有13亿多人口的大市场，中等收入群体稳步扩大，迫切需要深化供给侧结构性改革，满足新出现的大量消费升级需求；城乡区域发展不平衡蕴藏可观发展空间，具有巨大的发展韧性、潜力和回旋余地。

从发展条件上看，经过新中国成立以来特别是改革开放40年的发展，我国积累了雄厚的物质基础，拥有全球最完整的产业体系、不断增强的科技创新能力、丰富的人力资源和土地资源、较高水平的总储蓄率，经济发展具有坚实支撑。

从制度优势上看，有党中央集中统一领导，有集中力量办大事的制度优势，有行之有效的宏观调控机制和政策举措，不断深化的改革开放正持续释放发展动力。

面对新情况、新问题，我们要有战胜危机的信心，这就是说我们不能犬儒，我们不能抱怨"那是不可改变的"，我们不能不自信，我们不能不望向历史深处。为什么不可有诗人的浪漫，就像大解在诗中的呐喊："我将与生活达成妥协/却又不断地/修改自己的命运/但秘密终有它玄妙的机关/我们只有在经历之后才有资格/说出那已知的一切/并重新预设未知的部分。"

因为2019年是新中国成立70周年，也是全面建成小康社会关键之年，经济工作任务十分繁重。要坚持底线思维，增强忧患意识，提高防控能力，着力防范化解重大风险，保持经济持续健康发展和社会大局稳定，为决胜全面建成小康社会、夺取新时代中国特色社会主义伟大胜利、实现中华民族伟大复兴的中国梦提供坚强保障。

时代要求"我们不能犬儒"。 宏观政策要强化逆周期调节。继续实施积极的财政政策和稳健的货币政策，适时预调微调，稳定总需求。积极的财政政策要加力提效，实施更大规模的减税降费，较大幅度增加地方政府专项债券规模。稳健的货币政策要松紧适度，保持流动性合理充裕。改善货币政策传导机制，提高直接融资比重，解决好民营企业和小微企业融资难、融资贵问题。保持人民币汇率在合理均衡水平上的基本稳定，加强资本管制，保证我国货币政策的独立性。

时代要求"我们不能抱怨'那是不可改变的'"。 结构性政策要强化体制机制建设。要坚持向改革要动力，深化国资国企、财税金融、土地、市场准入、社会管理等领域改革，强化竞争政策的基础性地位，创造公平竞争的制度环境，鼓励中小企业加快成长。推进供给侧结构性改革是结构性政策的主要抓手，2019年要在"巩固、增强、提升、畅通"八个字上下功夫。要巩固"三去一降一补"成果，推动更多产能过剩行业加快出清，降低全社会各类营商成本，加大基础设施等领域补短板力度。要增强微观主体活力，发挥企业和企业家主观能动性，建立公平开放透明的市场规则和法治化营商环境，促进正向激励和优胜劣汰。要提升产业链水平，利用技术创新和规模效应形成新的竞争优势，培育和发展新的产业集群。

要畅通国民经济循环，形成国内市场和生产主体、经济增长和就业扩大、金融和实体经济良性循环。

时代要求"我们不能不自信"。社会政策要强化兜底保障功能。要把稳就业摆在突出位置，重点解决好高校毕业生、农民工、退役军人等群体就业。要深化社会保障制度改革，在加快省级统筹的基础上推进养老保险全国统筹。要构建房地产市场健康发展长效机制，坚持房子是用来住的、不是用来炒的定位，因城施策、分类指导，夯实城市政府主体责任，完善住房市场体系和住房保障体系。

时代要求"我们不能不望向历史深处"。要防范化解重大风险。坚持结构性去杠杆的基本思路，防范金融市场异常波动和共振，稳妥处理地方政府债务风险，做到坚定、可控、有序、适度。要以深化金融财税改革化解金融风险。要发展民营银行和社区银行，推动城商行、农商行、农信社业务逐步回归本源。要完善金融基础设施，强化监管和服务能力。要通过深化改革，打造一个规范、透明、开放、有活力、有韧性的资本市场，提高上市公司质量，完善交易制度。要健全地方税体系，规范政府举债融资机制。

这样看来，时下我国经济发展面临的外部环境，与过往相比更为复杂严峻。可以预测，投资增长速度会有所回升，消费稳中略降，出口增长速度将有所回落，价格总体稳定，工业品和消费品价格的剪刀差缩小，总体上经济增长将有所减慢。与此同时，供给侧结构性改革对稳定经济的效应将继续显现，鼓励民营企业发展和深化改革开放的信号有利于稳定企业的信心，稳就业、稳金融、稳外贸、稳外资、稳投资、稳预期的政策会逐步发挥作用。

说到这里，我还是特别欣赏大解的诗："上苍保佑，帮助我完成幻想/扎实而愉快地度过每一天/如果我在什么地方错了/知情的人啊，请你告诉我/我该怎样才会更好、更美满//新年伊始，我的祈愿和我的实际/将融合在一起，正如过往的岁月/那些让我满意的日子，一再重临。"

那好吧，就让我们跟随诗人的脚步，这时我们会发现："严冬尽了/冰雪消了/大地暖了/新枝绿了/这是春天脚步啊/那就让我们大胆地/拥抱这个春天！"

哈哈，原来坚冰深处春水生，透过我们生命的年轮，每一个冬天的后面都有一个温暖的春天！

把泪焦桐成雨
——第六张面孔是稳外资

"栽得梧桐树，自有凤凰来"常被人们用来形容招商引资的向往和期待。有段时间受"不差钱"影响，对外资门槛越设越高。其实，利用外资的过程，也是金融血脉涤荡的过程，既有直接效益，也有溢出效益，还有竞争效益、乘数作用，还可以改善经济结构和增加出口创汇。所以，抓好四个重点，才能笑傲江湖。

中国有句谚语："栽得梧桐树，自有凤凰来。"时下，常被人们用来招商引资，尤其作为利用外资的向往和期待。

2018年，我去了河南兰考，站在焦裕禄当年种下的梧桐树前，当地人告诉我说，当年习近平读了《人民呼唤焦裕禄》一文，填写了《念奴娇》词，写道"百姓谁不爱好官？把泪焦桐成雨。"这里，习近平把对梧桐树的崇敬推向高峰。

可能因我曾在外资部门工作过，一说梧桐，往往就会借树怀情，对外资高看一眼。众所周知，以开放促改革、促发展，这是中国改革发展的成功经验，也是中国特色社会主义建设不断取得新成就的重要法宝。回顾中国改革开放40年的历程，不难发现，善于吸引和利用外资，就是其中一个有效方式。

随着中国人口红利逐步消失，土地、环保和劳动力成本快速上升，部分处于价值链低端的外资企业开始离开中国，转向劳动力成本较低的东南亚发展，本无须过度解读。但近些年来，确有人认为，我国综合国力强了，国内资本充裕了，我们"不差钱"了，所以不需要外资了。

这是真的吗？显然，不是这么一回事。

说"不差钱"的人，一方面轻视了外资的重大作用。外资不仅能够带来新的资本，而且还能带来技术、管理、市场和就业等多方面收益，对经济发展和民生改善都有积极作用。世界上只有外资不去投资的国家，没有国家可以完全不需要外资，在闭关孤立的条件下实现自我发展。另一方面将外资与内资对立起来，使得实体经济的金融血脉变细变小。这也是引发近年来实体企业融资难、融资贵的一个原因。

面对徘徊在十字街头的外资，年前中央政治局会议和中央经济工作会议先后提出了"稳外资"的要求，这绝不是空穴来风，这是改革开放40年来的首次提出，无疑非同小可。

众所周知，近年来世界各地都普遍、广泛地运用产业政策工具，推动实体经济发展，吸引外资成了一个"新产业政策"。尤其，随着全球价值链空间布局的变化，我国在利用外资上，正面临来自发达国家和新兴发展中国家更为激烈的双向竞争或倒逼。

在如此宏大的背景下，中国利用外资的确出现了一些新情况与新变化，具体来说：

产业变革的影响。随着中国经济的发展，国内投资的比重不断加大，中国利用外资的整体产业结构已经发生逆转。在这一过程中，地方政府对外资作用的认识以及民众对外企的社会心理发生了明显变化，所谓"外资偏好"随之逐步弱化。一些沿海发达地区，在当地外资存量已经较大、地方政府外资政策空间被压缩的情况下，地方政府不断细化外商投资的进入条件，设立了更为严苛的"招商选资"标准。应该看到，中国进入工业化中后期，服务业吸收外资比重上升是必然趋势，但制造业高质量外资及其蕴含的技术转让和技术溢出机会不容忽视。

竞争加剧的影响。随着竞争力提升，内资与外商开展了全方位竞争，争项目、争土地、争人才的情况加剧。竞争力的此消彼长，使得一些在华跨国公司感受到了前所未有的压力，相比改革开放初期主动转让技术的"不设防"状态，外资企业对中国营商环境、市场秩序、产业政策以及技术转让安排的变化日益敏感。而与这种情况形成反差的是，随着中国创新

活动日益活跃，北京、深圳、杭州等一批具有区域甚至国际影响力的创新高地浮出水面，吸引了越来越多的国外创新创业团队特别是中小创新团队来华投资创业，带动了中国科技研发领域利用外资的新局面。

*区域分化的影响。*尽管近年来中西部地区利用外资占比提高，但沿海地区外资向中西部转移仍面临诸多障碍。除了受运输半径、出海口距离等因素的制约，跨国公司的供应链体系也在很大程度上影响中西部地区承接产业转移。如，日本在华投资企业的供应链主要由三井、丸红等传统大型综合商社掌控，这些综合商社已经形成了主要依靠海运的供应链网络，短时间内很难串联陆路和内河运输，并将其物流体系延伸至中西部地区，在外资梯度转移过程中，各地区引资的区位条件进一步分化。

*发展环境的影响。*随着改革进入深水区，一些领域利益下沉，"大门已开，小门不通"的现象仍然存在；一些地方"内外有别"，"对外开放，对内设限"加剧，部分地方政府扩大吸收外资的动力不足，投资软环境欠佳。在外资项目由审批改为备案的过程中，服务意识弱化，致使一些高质量外资项目拖办或延办。

说到这里，有人急着欲问，稳金融与稳外资有关系吗？甚至有人觉得，这是八竿子打不到一起。其实，这是一种误导。

为什么？外资顾名思义，就是指其他国家、地区（包括港澳台地区）来中国大陆以从事经济社会活动为主要目的，在遵守中国法律法规前提下，遵循市场机制法则，本着互利互惠的原则进行的独资、合资、参股等市场流入的资金。在我国，外资的利用方式主要分为三种：外商直接投资（FDI）、对外借款和外商其他投资，其中FDI占有很大比例。

可见，利用外资的全过程，也是金融血脉涤荡的过程，既有直接效益表现为资本收益超过利息的部分，也有溢出效益就是外资引进带来的新技术、新创造、新机制，还有竞争效益、乘数作用、改善经济结构和增加出口创汇。这么说来，稳外资就是希望人们尽快找到在稳金融条件下——利用外资的初心，进而寻找到稳外资的实招与举措。

记得 2019 年，就有三件事，可谓是中国引进外资的升级版，具有划时代意义。

事件一：十三届全国人大常委会第八次会议上决定，将人大常委会已经两次审议的《外商投资法（草案）》，提请于 3 月 5 日在京召开的十三届全国人大二次会议审议。

这意味着，这部我国利用外资的基础性法律——《外商投资法》，离最终颁布实施又近了一步。制定《外商投资法》，背后的意义就是我国进一步扩大开放、推动全面开放的战略部署。外商在中国的规模和体量有多大呢？截至 2018 年底，国内依据"外资三法"设立的外商投资企业累计约 96 万家，实际使用外资超过 2.1 万亿美元。这个规模，显然不可小觑。

事件二：中国人民银行营业管理部已经正式发布公告，对美国标普全球公司在北京设立的全资子公司——标普信用评级（中国）有限公司予以备案。同一天，中国银行间市场交易商协会也发出公告，接受标普信用评级（中国）有限公司进入银行间债券市场，开展债券评级业务的注册。

其实一年多前，国际三大信用评级巨头就开始筹划在中国独资经营的事情。穆迪、标普以及惠誉的全资子公司惠誉博华相继在北京注册了独资评级公司。可想而知，连"评级"这种事情都放开了，还有什么事不能开放的？

事件三："特斯拉以加速世界向可持续能源的转变为使命，中国市场对我们实现这一愿景十分重要。"特斯拉首席执行官马斯克于 2019 年 1 月 7 日在特斯拉上海独资工厂的动工仪式上如此表示。

而将特斯拉和与能帮助其实现梦想的中国市场紧紧联系起来的，正是过去一年来，相关部门通过推进实施高水平的投资自由化、便利化政策，着力优化外商投资环境，取得的积极成效。2018年，发改委、商务部就发布了《外商投资准入特别管理措施（负面清单）（2018年版）》。

发改委在修改《外商投资准入目录》中曾披露了一些内容，其影响极为深远。因为这里面几乎涉及了中国所有的基础设施行业和服务业，包括能源、粮食流通和生产以及制造业与能源资源等，这些行业几乎都开放了。

此外，这也应算是一件大事：不瞒大家说，2019年春节过后上班的第一周，我就匆匆赶到西安参加全国稳外资工作会议。西安古称"长安"，是古丝绸之路的起点，是当下国家"一带一路"丝绸经济带的起点城市，以及丝绸之路经济带的经济、文化、商贸中心。这里我把西安底子翻出来，就是想告诉人们，选择在这么一个外资集结地，来研究稳外资工作，可见办会人一腔苦心。

这次会上，重点解决了一批重大外商项目国家层面的问题……有专家呼吁，家里有了梧桐树，并不一定有凤凰，但必须以此表明我们的信心和志向，中华家族一定会有凤凰出现，中华民族一定会有更多凤凰归来。我觉得这话是对"家有梧桐树，自有凤凰来"俗语的最好诠释。

改革开放以来，外资已成为中国经济的重要组成部分，保持外资稳定增长，已经成为推动经济与社会发展的重要动力。外资引进也是各地政府工作的重中之重。那么我们究竟该如何"稳外资"呢？

笔者认为，至少要抓好四个重点：扩大开放领域，继续缩减"负面清单"，放宽外资股比等市场准入，允许更多领域独资经营；加大引资力度，推动重大项目落地；打造开放新高地，支持上海自贸试验区新片区扩容，探索建设海南自由贸易港；改善国内投资环境，推动尽早出台新外资法，完善中央和地方外资投诉处理机制，创建良好的营商环境。

四个重点，前三个是硬任务，后一个是软环境改善问题。必须看到优化营商环境就是解放生产力，就是提高综合竞争力，是一个地区也是一个国家发展的重要软实力。世界银行发布的《2018年营商环境报告：改革创造就业》显示，中国在全球190个经济体的营商环境评价中，排名第78位。这和我们作为世界第二大经济体的地位极不相称。

同时，还要通过推动国际经济合作，来实现稳外资的目标。针对外部形势的变化，外需的发展在WTO的框架下已较难取得大的进展，应该更加注重做实自贸区与"一带一路"国际合作。围绕政策沟通、贸易畅通、设施联通、资金融通、民心相通等五通深化"一带一路"国际合作，拓展外需空间，降低国际形势变化对外需的影响。

这就是说，稳外资，必须放在复杂严峻的国际形势和艰巨繁重的改革发展任务的背景下，在吸引外资方面需要持续稳定发力，以此来应对外部不确定因素带来的挑战。

注意稳定外商投资预期。要认真执行中央有关扩大开放吸引外资的政策，中央政策的出台对于稳定人们的预期起着重要的作用。要通过这些措施，进一步鼓励外商投资进入中国的高技术产业、进入与中国消费结构升级相契合的相关领域、进入中西部地区特别是沿边地区。从外资的流量上，既要积极吸收新增外资，同时要稳定存量，从财政、金融、税收、产业政策等各个方面共同发力。

注意内外资同等国民待遇。放宽市场准入，继续缩减全国版和自贸试验区"负面清单"，允许更多领域实行独资经营。推进服务业扩大开放综合试点；优化外资结构，加快修订《外商投资产业指导目录》和《中西部地区外商投资优势产业目录》，鼓励外资投向制造业、高新技术产业和中西部地区，协调解决困难和问题，推动重大外资项目落地；改善营商环境，推动尽早出台外商投资法，完善中央和地方外资投诉处理机制，努力营造一流的亲商、安商、富商环境。

注意加大外资保护。 进一步发挥外资企业投诉工作部际联席会议机制作用，在省级层面建立健全外资投诉处理机制。加强与跨国公司的对话交流，及时回应外资企业反映的问题，不断加大外国投资者合法权益的保护力度，营造国际一流的外商投资环境。

稳外资说到底，就是要将文中开头那句谚语，真正变成"筑巢引凤"。就像当年焦裕禄为了防风固沙，帮助农民摆脱贫困，种下许多梧桐树。如今，兰考梧桐如海，焦裕禄当年亲手栽下的幼桐也已长成合抱大树，人们亲切地叫它"焦桐"。

"焦桐"已经成为一种精神，我们有了这种精神，相信再复杂的外部环境与形势，也挡不住我们稳外资的步伐。正如习近平在《念奴娇·追思焦裕禄》词中所言："绿我涓滴，会它千顷澄碧。"①时下稳外资，我们必须有这种笑傲江湖、大无畏的斗争精神！

---

① 原载 1990 年 7 月 16 日《福州晚报》1 版。

把一整个春天送给你

——第七张面孔是稳投资

　　一说投资是经济发展的马车，就有人拿几十年前"加大投资4万亿"说事。似乎中国经济所有的问题，都是投资惹下的祸。我国现阶段投资需求潜力仍然巨大，在这里强调发挥投资关键作用，不是搞大水漫灌，更不能回到刺激经济的老路，而是要确保把有限的资金投向那些能够增加有效供给、补齐发展短板的领域。

草木蔓发，春山可望。

在这个江南春天里，你是人间四月天。这让我想起陆凯一句诗，"江南无所有，聊赠一枝春"。此时的诗人，想到远方朋友，想到江南无物馈赠，那就寄上一枝梅花，欲把一整个春天送给你。

如此浪漫绝妙的情怀，澎湃涌动的春潮，瞬间将人秒杀。我将这个难忘诗境，说给朋友听时，他哈哈笑我"千万别书呆子"，因为他有一个同事，想借陆凯诗句向心仪的女神表白，不曾想女神听后摇了摇头，叹息一声："我懂，不就是说，'你没房没车没存款，只有一个陪我到老的躯体'。"噢噢，一个多么可怕的领悟！就像一段时间以来，人们对投资格格不入。一说投资是经济发展的马车，有人就拿十多年前"加大投资4万亿元"说事。似乎时下中国经济所有的问题，都是投资惹下的祸。

这么一来，投资环境开始恶化，基础设施投资开始回落，民间投资开始一蹶不振。这样的话，你再多诗词熟稔于心，不能理论联系实际便也是枉然。正所谓书中自有颜如玉，书中自有黄金屋，这种缺乏投资的格局，终将是苦酒一杯。

不是吗？2018上半年，中国投资下行到令人胆战心惊的地步，曾有人为此发问，中国经济列车的动能还有戏吗？

面对投资增速之变，2018年下半年以来，国家加大补短板政策支持力度，加快地方专项债发行进度，加快重大基础设施项目审批速度。各部门各地区积极出台政策并狠抓政策落地见效，有力推动了一批重大建设项目的实施，基础设施、农业农村、民生等短板领域投资增长呈现趋稳态势。

在看到投资结构优化的同时，我们必须看到投资增速有所下滑，当前我国经济运行稳中有变、变中有忧，经济面临下行压力。这也敲响了中国投资的警钟，2019年稳投资已到了最关键的一刻：因为中国投资增长后劲不足，急需加大基础设施领域补短板力度，以此稳定有效投资。

——因为稳投资关乎中国经济的稳增长，这就要求我们千万不要误读陆凯的诗句，对当下投资得有格局。

什么是格局？这里有一个故事：三个人在工地砌墙，有人问他们在干什么？第一个没好气地说：砌墙，你没看到吗？第二个人笑笑后回答：我们在盖一栋高楼。第三个人笑容满面地说：我们正在建一座新城市。出乎意料的是，十年后，第一个人仍在砌墙，第二个人成了工程师，而第三个人，是前两个人的老板。这个故事的道理很简单，告诉了我们什么是格局。

俗话说得好，再大的烙饼也大不过烙它的锅。你可以烙出大饼来，但是你烙出的饼再大，它也得受烙它的那口锅的限制。我们所希望的未来就好像这张大饼一样，是否能烙出满意的"大饼"，完全取决于烙它的那口"锅"——这就是格局的意义。

投资中我们急需有这样的格局，因为你的格局，往往决定着你投资的结局。大家一定知道索罗斯、巴菲特。相信稍微了解投资市场的投资者都知道这两位投资大佬的投资风格。

索罗斯喜欢把假的当真的来做，这位凭一己之力击败英格兰央行、将东南亚国家拖入火坑的金融狂人，在投资的"格局"上是多么的高深，道行非一般人可以比较。

　　而巴菲特一直秉承着他的"价值投资"，在当年投资比亚迪的时候，提前发现价值进场，在高位撤离，完美收官。巴菲特分享经验"暴跌进场，忘记时间，然后就是钱进口袋"。大到每一年，每一天的交易，小到每一分每一秒的交易都构成了市场波动的本身，如果以秒来呈现的话，几乎每时每刻都在经历着惊涛骇浪，可是以年为单位，任何一天的惊天动地都会显得波澜不惊。

　　投资需要大格局，这就要求我们登高望远，舍小取大，这样才能抓住大机遇大战略。正如习近平总书记强调的，"要改善投资和市场环境，加快对外开放步伐，降低市场运行成本，营造稳定公平透明、可预期的营商环境，加快建设开放型经济新体制，推动我国经济持续健康发展"。①

　　年前中央经济工作会议也郑重提出，我国现阶段投资需求潜力仍然巨大，要发挥投资关键作用，加大制造业技术改造和设备更新，加快5G商用步伐，加强人工智能、工业互联网、物联网等新型基础设施建设，加大城际交通、物流、市政基础设施等投资力度，补齐农村基础设施和公共服务设施建设短板，加强自然灾害防治能力建设。

　　——因为稳投资亟待拉高标杆提高站位，这就要求我们抓住当前投资的关键领域补短板，确保高质量的有效投资。

　　随着中国经济由高速增长阶段转向高质量发展阶段，强调"稳投资"，并不是要走过度依赖投资的老路，而是要在重点领域和薄弱环节加大投资力度，推动重点投资项目加快落地，确保重大投资项目符合规划、符合新发展理念和高质量发展要求，绝不能打着"稳投资"的旗号，盲目上项目，搞重复建设，甚至继续上马落后产能项目。

　　2019年上半年，韩正副总理到国家发展改革委调研并主持召开座谈

①2017年7月17日，习近平总书记在中央财经领导小组第十六次会议上的讲话。

会时强调，要进一步发挥好研究大战略、协调大政策、推进大项目、分析大趋势的作用，推动今年经济社会发展实现良好开局，要抓好稳投资各项措施，重大投资项目要符合规划，符合新发展理念和高质量发展要求，避免出现"半拉子工程"。

投资作为拉动经济增长的"三驾马车"，中央经济工作会议也提出，我国发展现阶段投资需求潜力仍然巨大，要发挥投资关键作用。根据中央经济工作会议部署，各省、区、市召开的地方两会均明确要发挥投资关键作用，加大关键领域补短板、稳投资力度。

一方面，在交通、水利、能源、生态环保、防灾减灾等领域确实存在诸多薄弱环节。 这些重点领域的"短板"，是现阶段投资需求的潜力所在，也是影响经济实现高质量发展的掣肘。随着我国经济由高速增长阶段转向高质量发展阶段，投资更加强调在补短板、调结构、强弱项上发挥积极作用。加大在这些领域的投资力度，精准聚焦短板领域，有利于解决中国经济发展不平衡不充分问题，进一步推动区域经济协调发展。

另一方面，党的十九大报告提出，建设现代化经济体系，必须把发展经济的着力点放在实体经济上。 我们要优化供给结构，实现质量变革、效率变革、动力变革，就必须改造提升传统产业，培育壮大新兴产业，发展服务业特别是现代服务业。要推动供给水平明显提升，必须切实增加有效投资，加大制造业技术改造和设备更新，加快5G商用步伐，加强人工智能、工业互联网、物联网等新型基础设施建设。此外，中国经济要有效应对下行压力，同样有必要加快形成强大国内市场，进一步增强经济内生动力。

——因为稳投资最终得有重点项目落地，这就要求我们撸起袖子加油干，为中国经济实现高质量发展提供可靠保障。

2019年春节上班的第二周，笔者就匆匆赶到成都，参加了国家发改委召开的补短板稳投资南方地区现场推进会。这里一提到南方，仿佛又把我们带入陆凯那句诗里，"江南无所有，聊赠一枝春"。

为什么选择成都召开这样的会议？我猜测最大的原因，莫非这里有川藏铁路工程，迄今这一中国投资规模最大的项目，铁路总长约1700公里，80%以上将以隧道和桥梁的方式建设，累计爬升高度达16000多米，相当于两个珠峰高程的来回，工程总投资约2500亿元，可谓是一个巨大的天文数字哦。

还有2019年恰逢西藏民主改革60周年，有关西藏区域振兴的政策出台预期渐强。2019年又是国家实施西部大开发战略20周年，从上月中央全面深化改革委员会审议通过的《关于新时代推进西部大开发形成新格局的指导意见》来看，加快基础设施建设，完善基础设施网络仍是新时代西部大开发的重点。加之，2019年还是中华人民共和国成立70周年，这些大事、喜事叠加，都给川藏铁路工程建设带来了千载难逢的机遇。

没错，稳投资是稳增长的重要手段，但稳投资的概念必须厘清，不能认为要搞大水漫灌，更不能回到刺激经济的老路，而应确保把有限的资金投向那些能够增加有效供给、补齐发展短板的领域，以更好推动实现高质量发展。从投资的有效程度看，在某些产业领域，我国存在投资过剩、投资的微观回报率很低等问题，这些领域的投资过剩在金融层面反映为企业坏账增加、杠杆率和金融风险上升。在另一些领域，则明显存在投资不足问题，其投资回报率高于全社会平均回报率。对于竞争性市场投资领域，我们应尽可能优化市场环境，按照市场规律，清理僵尸企业，为投资不足的领域腾出更多资源。

没错，稳投资是经济三驾马车之一，但稳投资得有科学评判，在对公共投资和准公共投资进行评价时，应从宏观层面算大账，根据社会成本和社会价值来评判投资回报。基础设施、基础研究、民生工程等具有公共性质，投资周期长、投资规模大，具有多重社会效益。在某些区域，我国也存在基础设施投资过度问题，而且随着经济总量扩大和人口规模增长放缓，基建投资对总体经济增长的拉动有所降低，导致部分地区地方政府杠杆率上升。但从总体上看，我国经济发展与发达国家仍存在很大差距，区域经济发展差距客观存在，公共投资仍存在巨大需求。要通过稳投资推进稳增长和培育发展新动能，形成有效供给和新需求，推动经济高质量发展。

做好稳投资工作，对于稳定经济增长、发挥投资对优化供给结构的关键性作用，提升长期综合竞争实力都具有重大的意义。这些意义大家都已经知晓，目前难点、焦点是如何寻找到稳投资的突破口。依笔者长期在投资岗位工作的经验，这一轮稳投资，就是要聚焦稳定有效投资的重点领域，坚持尽力而为、量力而行，突出重点、分类施策。

补民生短板来稳投资。根据经济发展和消费升级的方向确定有效投资的重点领域，补上民生短板。目前，我国国民收入总量已经跃居世界第二，但人均收入与发达国家还有较大差距。发达国家过去40年的发展经验，清楚显示了在人均收入增长过程中消费升级的变化趋势。从价格角度看，过去40年以来，学费、其他学校费用和幼托、医疗保健价格上涨较快，公共交通、住宅、食品与饮料、家用能源价格涨幅次之，新汽车、教育与通信、服装价格增长缓慢，玩具、电视价格则出现了大幅下滑。随着人均收入提高，今后我国从传统消费品向服务消费转变的趋势将日趋明显。旅游、养老、医疗和教育等是我国消费升级的重要方向。目前，我国这类产品的供给相对短缺并且质量不高，迫切需要通过增加投资来增加供给和提升质量。

补科创短板来稳投资。根据科技发展的方向确定有效投资的重点，补上科技创新短板。我国整体创新能力已跃升至全球较高水平，但仍逊于美国、德国、英国等发达国家。中美贸易争端表明，我国核心关键技术仍存

在短板。我国需要坚定不移地支持战略新兴产业，补上科技创新短板，通过奖励、补贴和优惠贷款等方式持续加大对关键技术研发的支持力度，引导资金流向关键技术研发，培育长期投资动能。资金流向关键技术的研发，虽然不能直接形成固定资产投资，但是却可以为企业节约其他领域的投资资金。

补基建短板来稳投资。根据经济发展规划和扶贫攻坚计划确定基建投资重大项目，补上基础设施建设短板。2018年半年，我国基础设施投资增速大幅回落，但同时应该看到，基础设施仍是现阶段我国国民经济发展中的薄弱环节，仍有巨大的投资空间和潜力，未来基础设施投资仍将会保持较快增长。我国仍然处于经济空间调整和城市化大发展的时期，需要建设的重大项目仍然有很多，优先安排农林水利建设、交通通信建设、城市基础设施建设、战略性物资储备建设等关系长远国计民生的项目。

补绿色短板来稳投资。根据绿色发展理念确定绿色经济领域有效投资，补上绿色经济短板。绿色发展的推进路径主要包括:污染减排与治理、生态环境保护与修复、绿色城镇化与公共服务体系建设，以及发展绿色环保产业这四个方面。绿色城镇化是十三五期间我国绿色发展的全新领域，包含了生态城市、低碳城市、情节城市、宜居城市、海绵城市等极为丰富的内容，具体推进措施，可以分为基础设施建设和公共服务两个方面。结合自身产业结构、自然资源和环境条件，发展绿色产业，推进农业现代化、新兴节能产业、旅游业发展，实现乡村振兴战略。

补区域短板来稳投资。优化有效投资的空间布局，补上区域经济短板。首先，在东部沿海省份和经济发达地区，应推进城市群协调发展，将城市发展从点升级为面，一方面缓解中心城市的发展瓶颈和压力，另一方面带动周边城市升级，优化产业布局，促进城市间要素合理流动。其次，中部地区有效投资应继续推动产业转移和城乡协调发展，提高城市化水平和农业产出效率。再次，在西部地区，应着重根据产业发展规划和人口流动的规律及趋势，合理加强基础设施建设。

说一千道一万，我们在补短板稳投资时，还要注意在投资环境、项目推进和资金保障方面下功夫，深化投资领域"放管服"改革，大幅度压减项目审批时间，进一步放宽市场准入，推进在建项目加快实施，加快开工已纳入规划的重大项目，在有效防范风险的前提下，创新基础设施和公共服务项目市场化运作的盈利模式，加大金融支持力度，充分调动社会资本积极性。

说到这儿，我反倒为先前陆凯描绘江南的诗、成都南方片会而纠结，突然觉得这不是偶然的巧合。就像2019年发生了两件事，一个是3月公布的科创板首批受理名单，9家企业，南方占据8席；另一个是7月公布的中国数字经济发展排名，前十城市中，南方占到9席。这些具象的变化其实已经更早地反映在经济数据上，国家发改委副秘书长任志武算过一笔账，2018年上半年南方经济在全国经济的比重已经上升到62%，在中国经济中占据绝对大头，难道我们的经济天平真的越来越倾向南方？

也许，这个问题不是今天我们讨论的重点。但就春天来说，无论南方还是北方都是一个闪亮的季节或日子。说白一点，春季各地游人无数，不只是江南人爱花；本来春来花自开，也不只是江南一朵，因为我们知道这个春天注定属于全中国。

就像这远山近岑，切换的只是视角，一脉相承的是眼前徐徐展开的投资宏图，以及心中始终不变的投资初心。拥有怎样的胸襟，你就会看到一个怎样的投资世界。这里我要大声疾呼的是，稳投资绘就的蓝图与路径，给我们中国带来了希望，那就让我们心中充满阳光，更让我们的脚步铿锵有力。

"春风又绿江南岸，明月何时照我还？"那好吧，就像身处这个万紫千红的春光中，既然春风已经扑面而来，就请不要拒绝有人把一整个春天送给你……

野百合也有春天
——第八张面孔是稳就业

就业难是全世界一个比较普遍的问题，我国这个超级人口大国正经受着社会转型、经济结构调整、国企改革、城镇化快速发展以及全球经济一体化的猛烈冲击，就业更难。"稳就业"作为另外五稳的"五龙治水"的出发点和落脚点，使"无业者有业""有业者乐业"，真的可以为货币政策和财政政策留出调整空间。

每次听到《野百合也有春天》这首歌，我脑海中就会出现一束山谷里盼望春天的野百合。这种意象，有点像人生，是改革开放的春风让我们这些偏野之乡长大的孩子，也可以迎来人间的美好春天。

时下，"六稳"工作的展开，将"稳就业"作为牵头和管总的，也作为金融、外贸、外资、投资、预期"五龙治水"的出发点和落脚点，不正是野百合的春天来了。

为何要将"稳就业"列为首位呢？

这里，我以家庭和企业为例，如果货币资金是逆时针循环流动的，生产要素和生产成果是顺时针流动的，你就会发现它们价值流动和转化的方向：

在这一循环过程中，企业起的是一个转换器的作用，将劳动、资本、土地等要素，通过研发、生产、加工、管理等环节，最终转化为商品和服务。而家庭的作用是尤其重要的，家庭，既是社会生产要素（劳动、土地、资本）的供给一方，又是社会消费（购买物品、获得服务）的需求一方。

稳就业就是要求我们从社会供给和需求的两端发力。正如习近平总书记在2018年底召开的中央经济工作会议上强调，要把稳就业摆在突出位置，重点解决好高校毕业生、农民工、退役军人等群体就业。李克强总理在2019年政府工作报告中，引人注目地首次将就业优先政策置于宏观政策层面，强调稳增长首要是保就业，并首次提到2019年要对高职院校实施扩招100万人。职教战线要深刻领会、坚决贯彻党中央国务院的战略意图，以就业为导向办好职业教育，使"无业者有业""有业者乐业"。

就业难，这是现代世界一个比较普遍的问题，何况我们这个超级人口大国正经受着社会转型、经济结构调整、国企改革、城镇化快速发展，以及全球经济一体化的猛烈冲击，就业更难。在这样复杂多变的背景下，一方面，我国高校毕业生数量屡创历史新高，2019年达到834万人，新型城镇化发展进入新的阶段。城镇化率每提高1个百分点，就有近1400万人口从农村转入城镇。此外，我国现有退役军人5000多万人，并以每年几十万人的速度递增，就业总量压力仍巨大。另一方面，随着科技进步加快和产业调整升级，就业的结构性矛盾更趋突出，企业裁员和招工难、"有人没活干"和"有活没人干"并存，技术技能人才短缺特别是高素质技术技能人才缺口很大。根据100个城市的统计数据，2018年求人倍率（招聘岗位数与求职人数的比值）始终保持在1以上，第四季度为1.27，高技能人才的求人倍率一直都大于2。

所以，民生是天大的事情，就业是最大的民生，也是经济发展的重中之重。解决十几亿人的吃饭问题，已经成为中国经济发展的首要任务。毕竟中国面临着劳动力供大于求的总量性矛盾，稳定和扩大就业的任务十分繁重。习近平总书记在2018年7月底的政治局会议时特别指出："当前经济运行稳中有变，经济下行压力有所扩大，部分企业经营困难较多，长期积累的风险隐患有所暴露。对此要高度重视，增强预见性，及时采取对策。"在年底召开的中央经济工作会议时他又一次重申，务必要做好"稳就业、稳金融、稳外贸、稳外资、稳投资、稳预期"等"六稳"工作。笔者认为，"稳就业"要从三个纬度来把握：

第一个纬度，"稳就业"的根本靠职业教育。

2019年4月4日国务院召开了全国深化职业教育改革电视电话会议，我坐在会场下很纳闷，这个时候为什么要开这么一个会议呢？

会上传达了李克强总理的重要批示：发展现代职业教育，是提升人力资源素质、稳定和扩大就业的现实需要，也是推动高质量发展、建设现代化强国的重要举措。完成2019年扩招100万人的任务，瞄准市场需求和推动中国制造、中国服务迈向中高端，进一步改革完善职业教育制度体系，积极鼓励企业和社会力量兴办职业教育，补上突出短板，推动产教融合，着力培育发展一批高水平职业院校和品牌专业，加快培养国家发展急需的各类技术技能人才，完善人才评价激励机制，持续推进职业技能提升行动，让更多有志青年成长为能工巧匠，在创造社会财富中实现人生价值，为经济社会持续健康发展提供更好的人力人才资源保障。

显然，这是从供给一侧提出的稳就业问题，令我顿悟，想起清代顾太清在《临江仙·清明前一日种海棠》说的一句诗话："成阴结子后，记取种花人。"不是吗？

隔日，正好是清明小长假，我回到祖籍地江苏海安，汽车从G328国道穿行时，正好经过江苏省海安双楼中等专业学校门口，双楼农业中学是1958年诞生的新中国第一所农业中学。此时此刻，再次见到我的母校，心情特别激动。

记得2014年6月17日的光明日报上，刊登了我写的《回想一所农业中学》的文章，那时双楼农中在这块希望的田野里，经过五十多年的冬耕春播夏忙秋收，为农村输送了近十万农技人才；学校在探索"教学、科研、生产、经营、服务"的特色办学之路上，也使得双楼农中这个"第一面红旗"愈来愈鲜艳。

可惜好景不长，后来学校从一所职业学校，渐渐远离职教升格为可以获取大专文凭的学校。那时候我曾向社会大声疾呼："今后谁来种地的问题，已十分突出，也许再过十年农民在中国就要消失了。"我没想到老校长潘耕贵的话更加尖锐："不要以为这是危言耸听。现在农村的年轻人都不留在家里，城里还会有人愿意去农村？没有农民，中国的农业怎么可能发展……"

欣慰的是，今天国家已经认识到职业教育的重要性，正如国务院副总理孙春兰在这次全国深化职业教育改革电视电话会议中指出，职业教育与普通教育是两种不同类型的教育，具有同等重要地位。习近平总书记亲自主持审议《国家职业教育改革实施方案》，明确了一系列制度设计和政策举措。可见，办好职业教育，是人民的需要，也是时代的呼唤。尽快找回职业教育的初心，不仅是教育改革的内在要求，也是稳就业的要求。

第二个纬度，"稳就业"的基础靠民营经济。

直面2019年我国就业压力依然严峻的现实，改革开放40年中国民营经济发展实践为我们提供了可靠的经验证据。据统计，民营经济对国家财政收入的贡献占比超过50%；国内生产总值（GDP）、固定资产投资和对外直接投资占比均超过60%；技术创新和新产品占比超过70%；吸纳城镇就业占比超过80%；企业数量和新增就业贡献占比超过90%。鉴此，把"稳就业"的重要着力点放在提振民营经济发展上，显然是扎根于中国国情的必然选择。

这就要求我们要从根本上消除对民营经济的所有制歧视和偏见，才能在实践中真正为民营经济的发展创造公平公正竞争的营商环境，随之"三门""三山"体制机制障碍也就消除了。

要从民营企业减税降费政策落实上加力提效，让民企真正从政策中增强获得感。要在"减"字上加力提效，在目前我国的宏观经济格局中，要真正减税。要在"降"字上加力提效，改革社会保障体系，确保企业社保

（"五险一金"交付比例）缴费实际负担有实质性下降，着力清理规范地方政府收费项目，加大对乱收费的查处和整治力度。

还要加大清欠民营企业账款力度。据有关资料显示：目前全国政府部门和国有大企业已清偿民营企业账款超过1600亿元，可见长期以来一些政府部门和国有大企业拖欠民营企业账款的行为对民营企业资金周转、经济效益带来的负面影响。这就要切实解决政府部门和国有大企业拖欠民营企业账款问题，为民营经济发展创造良好环境，进而为稳定就业和社会稳定，以及确保经济社会大局稳定提供重要支撑。

第三个纬度，"稳就业"的关键靠扩大内需。

2019年春节上班后的第3周，国家发展改革委紧急召集我们到秦皇岛参加全国公共服务"补强提"工作现场会。大家都知道，这段时间，在提升公共服务能力方面，国家出台了一些新的文件，紧接着18个部委联合印发《加大力度推动社会领域公共服务补短板、强弱项、提质量，促进形成强大国内市场的行动方案》，提出了补齐社会领域基本公共服务短板、增强非基本公共服务弱项、提升公共服务质量和水平的发展目标和行动任务。

早春的秦皇岛，万象更新，生机盎然。全国各省市的代表，分别前往海港区、北戴河区和北戴河新区，对秦皇岛市养老、医疗、教育、文化旅游等产业项目进行了观摩调研，实地了解该市"补强提"工作的经验做法、亮点成效。加之，我国各个省市都有很好的探索和经验，在现场会上，河北、江苏、浙江、江西和甘肃等省都做了典型经验交流。

"随着冬奥会正式进入'北京时间'，我们全力推动北京冬奥会张家口赛区筹办各项工作任务，加强张家口基础设施建设，加快补齐短板。并以此为契机，推进河北冰雪运动和冰雪产业发展，带动张北地区产业转型升级，使之与雄安新区共同构筑河北发展新的'两翼'。"河北发展改革委相关负责人表示。目前，崇礼冬奥场77个冬奥项目中已开工65个、建成2个，同时该市支持各地建设冰雪场馆，按照600万元/个的补助标准支持每市建设一个以上标准公共滑冰馆，对建成的公共冰雪场馆每雪季给予一定的开放补贴。

江苏则在标准化建设补公共服务短板、系统化思维提高养老服务质量等方面有着自己的经验。"我们按照'资源跟着需求走、服务跟着居民走'的思路，制定全国首份基层基本公共服务功能配置标准，把重点放在老百姓家门口看得见、摸得着、用得上的服务项目上。"江苏省发展改革委相关负责人表示。中国经济导报记者了解到，该省的《标准》分为3个层级6个空间配置单元，在城市以街道、社区、居民小区，在农村以乡镇、行政村、自然村为配置单元，每个单元都明确了服务类别、具体项目、功能配置和配置主体。2018年开展了基层标准情况评估，通过开发应用网上评估系统，汇总收集了全省约6万个空间单元的基本公共服务功能配置信息，基层短板项目主要集中在居家养老、残疾人服务及农村文化体育、污水处理、信息化等领域。

在深化产教融合需补齐高教发展短板方面，我则代表浙江做了发言：2016年开始，浙江每年拿出12亿元财政专项资金重点打造中国美院、浙江工业大学、浙江师范大学、宁波大学、杭州电子科技大学5所本科高校。2017年实施省重点高职暨优质校建设计划，专项支持20所高职院校能力提升。2018年出台《关于全面实施高等教育强省战略的意见》，拿出50亿元支持地方政府引入国际国内一流高校。2017年9月，由浙江省政府、浙江大学、阿里巴巴集团启动之江实验室建设，总投资50亿元。2018年，在国家发改委、教育部支持下，大力支持浙江大学建设超重力离心模拟与实验装置，总投资25亿元等。

"我省始终坚持把教育精准扶贫作为阻断贫困代际传递的治本之策，

特别是2017年被教育部、国务院扶贫办批复建设全国唯一的教育精准扶贫国家级示范区以来，通过实施'九大精准'工程，推动全省教育扶贫工作取得明显成效。"甘肃省发展改革委负责人介绍了该省教育扶贫方面的工作。

现场会期间，对下一步做好社会领域公共服务"补强提"工作提了具体要求：要高度重视"补强提"工作的积极和现实意义；加快实现基本公共服务能力全覆盖；加快推进非基本公共服务模式能力创新提升；切实抓好公共服务"补强提"的落实工作。

在"补"方面，落实《"十三五"基本公共服务均等化规划》，切实兜牢基本民生保障"网底"。补上规划中83个基本公共服务项目的短板，要尽快实现基本公共服务能力全覆盖，到2020年要实现能力程度全达标。

在"强"方面，按照市场化、多元化、优质化的目标，重点加强非基本公共服务弱项建设，加快推进非基本公共服务创新能力提升，确保非基本公共服务"付费可享有、价格可承受、质量有保障、安全有监管"。

在"提"方面，通过实施托育、教育、医疗、养老、家政、助餐、乡村旅游等重点工程，以及推进文化、体育领域的重点工作，增强非基本公共服务弱项，推进服务模式能力创新提升。

说到这里，我想起黑格尔一句话：只有永远躺在泥坑里的人，才不会再掉进坑里。这句话的意思是，不要害怕困难和挫折，只要努力就一定有希望。这也是为什么我们极力强调"补强提"，彻底解决公共服务短板，说到底就是为了稳就业。

在结束本文时，恰逢国家发展改革委、教育部出台《建设产教融合型企业实施办法》，这里的产教融合型企业是指深度参与产教融合、校企合作，在职业院校、高等学校办学和深化改革中发挥重要主体的企业。凡列入产教融合型企业，将被给予"金融+财政+土地+信用"的组合式激励，并按规定落实相关税收政策。建设培育一批产教融合型企业，就是要充分发挥企业在深化产教融合中的重要主体作用，在促进校企协同中，积极优化人才、技术、管理等创新要素供给，既补齐教育人才短板，又补齐产业创新短板，打造推进高质量发展的新引擎。

是啊，"江山代有人才出，各领风骚数百年"，正因为历史不会简单地重复，但往往又有着惊人的相似，千万不要以为"稳就业"是孤立的，实际上它与金融、外贸、外资、投资、预期是"十指连心"。

也许到这时，我可以松口气了，这些年遇见的一些事，一直搁在我心里，几乎每件事看似不搭，但一旦将它们串连成珠，你又会发现，社会就业稳定，真的可以为货币政策和财政政策留出更大的调整空间。

看来"稳就业"仍是保持经济稳定增长的压舱石，是国之大事，唯有短了过去，长了未来，我们才会幸运成为这个春天里的一朵野百合，散发出佩卿般的美丽芳华！

清风明月还诗债
——第九张面孔是企业债

也许谁都没想到，人民币计价的中国国债和政策性银行债券，正式纳入了彭博巴克莱全球综合指数。这件事，是中国融入全球资本市场的一个重要里程碑。当下选择从债券市场入手，或许是缓解民营企业融资难融资贵的一条金光大道。如果企业注定将欠俗世一份诗债，那么我们何不大胆向自己的内心走去。

也许谁都没想到，这一天来得这么快。

2019年4月1日起，人民币计价的中国国债和政策性银行债券，正式纳入彭博巴克莱全球综合指数，并将在20个月内分步完成。

这件事，标志着人民币计价的中国债券成为该指数中的第四大计价货币债券——仅次于美元、欧元和日元，也是中国融入全球资本市场的一个重要里程碑。

这天我正好随几位全国人大代表，到民营企业大省的浙江调研"融资难、融资贵"的问题，汽车里的环绕音响正在播放着一首叫《何必诗债换酒钱》的歌，几个男生唱着一首古风曲调，嗓音清澈干净带一点洒脱自然，那宛转悠扬的唱腔给人一种激情与力量。

在那个瞬间，歌声一下触动了我心中最柔软的那部分，并突然想到：时下银行贷款、股权融资和债券融资，为实体企业融资的三种常态；而银行贷款一直在我国企业融资中占据重要地位，债务融资这几年才刚刚高歌猛进。

这就是说，相对于银行贷款和股市融资，实体企业通过债券市场融资是明显滞后的。加之，随着当前经济发展阶段，民营企业"融资难、融资贵"问题似乎更加突出，我们应该怎么办呢？

不等这歌听完，我已经想到洒脱的江湖，想到了诗酒的快意，我甚至僵坐在汽车上许久，最后还是熬不住脱口一句：

何不诗债换酒钱?

我这是想说，当下选择从债券市场入手，或许是缓解民营企业融资难融资贵的一条大道。为什么会这么说？大家知道，依据融资偏好，大企业一般会按照最有利于资本结构的思路进行融资，中小企业由于担忧股权融资会稀释对企业的实际控制力，在融资时偏向于采用对控制权影响较小的债务融资。

人常常是，说到辛酸处，荒唐愈可悲。长期以来，因受历史和体制影响，债券融资并没有被看作为解决中小企业融资难题的有效途径，同时，对发行主体又有较高门槛限制，加剧了我国债券市场在缓解中小企业"融资难、融资贵"上缺位的问题。

从宏观上，一方面基于我国相关法律对债券发行主体资格关于资本金、盈利等要求，中小企业难以通过普通企业债融资，虽然目前已经有中小企业集合债券品种，但存在偿债机制等实际操作困难，中小企业的集合债发展缓慢。另一方面，目前，由于政府担保、中介机构履职不尽责等因素，债券违约事件时有发生，这势必会损害债券投资者的积极性，进而阻碍企业债券市场的长远发展。就发行主体性质而言，民营企业在利用金融服务上仍然存在障碍，债券市场相关数据表明非公有制经济在债券融资方面依然处于不利地位。

从微观上，中小企业主营业务单一、收入和利润波动大，成为公司主体评级和控制发行成本的主要难题。作为债券还本付息的主要资金来源，企业利润的高低和稳定性会直接影响到企业信用风险和评级，最终对融资成本产生直接影响。还有信息不对称，也是造成民营企业融资难的一个原因。

事实上，企业债市场相对其他金融市场的定价更加市场化，引导能力也比较强，因此选择债券市场支持民营企业发债融资，有助于改善民营企业的风险偏好和融资氛围，阻断或者是弱化金融市场对民营企业出现的"羊群效应"和非理性行为，也是带动修复民营企业的股权融资、信贷融资等其他融资渠道的一个比较好的切入点。

随后，一系列相关政策逐渐落地"生根"，如2018年底，国家发展改革委下发了《关于支持优质企业直接融资进一步增强企业债券服务实体经济能力的通知》，重点支持信用优良、经营稳健、对产业结构转型升级或区域经济发展具有引领作用的优质企业发行企业债券。

对符合条件的企业申报发行优质企业债券，实行"一次核准额度、分期自主发行"的发行管理方式。优质企业债券实行"即报即审"，安排专人对接、专项审核，比照国家发展改革委"加快和简化审核类"债券审核程序，并适当调整审核政策要求。同时，为贯彻落实"大众创业、万众创新"，解决小微企业"融资贵、融资难"等问题，国家发展改革委还推出企业债券创新品种——小微企业增信集合债券。

早年还有，2013年国家发展改革委印发的《关于加强小微企业融资服务支持小微企业发展的指导意见》就曾指出，继续支持符合条件的国有企业和地方政府投融资平台试点发行"小微企业增信集合债券"，募集资金在有效监管下，通过商业银行转贷管理，扩大支持小微企业的覆盖面。2015年还印发了《关于简化企业债券审报程序加强风险防范和改革监管方式的意见》，专门将《小微企业增信集合债券发行管理规定》附后。2017年又印发了《社会领域产业专项债券发行指引》，明确提出，以小微企业增信集合债券形式发行社会领域产业专项债券。

到2018年11月，国家发展改革委新闻发布会再次提出，加大小微企业增信集合债券对民营企业的支持力度。鼓励各地以地方大中型企业为主体发行小微企业增信集合债券，募集资金由托管商业银行转贷给符合经济结构优化升级方向、有前景的民营企业，适当优化小微企业增信集合债券发行管理的相关规定，满足民营企业实际融资需求。

在如此密集政策支持下，民营企业融资难的问题，开始得到缓解，截止到2018年底，我国银行业各项贷款余额140.6万亿元，其中，小微企业贷款余额33.5万亿元，占23.8%，有贷款余额的户数1911万户，覆盖18%的市场主体。

也许，过去的已经翻篇，人们关注的是，新发企业债募集的资金花到哪儿去了？

无疑这是一个商业机密。但为了确保本文的权威与指导性，我还是厚着脸皮，通过有关部门拿到了2019年一季度前的最新数据：

2019年企业债募集资金用途主要用于经营性项目（主要涉及产业园区、停车场、国企生产经营改造）；补充企业流动资金；棚改类项目（主要包括安置房、城中村改造等补短板项目）；有现金流的公益性项目（高速公路、轨道交通、城市体育中心、水煤电、城市地下管廊建设、海关监控中心、城市体育中心等民生项目）。

总的说来，2019年新发企业债募集资金流向符合政策引导方向，整体用途分布与2018年发行企业债相似，用于经营性项目、补充流动资金和棚改类项目的资金较多，发行总量分别为280.75亿元、224.48亿元、194.14亿元，占比分别为33.32%、26.64%、23.04%（2018年分别为33.68%、28.96%、19.10%）；根据2018年底下发的文件，明确了企业债募集资金拟投资领域，实行"正负面清单管理"模式。其中，负面清单明确了募集资金禁止进入房地产投资和产能过剩行业，2019年新发企业债募集资金主要流向了符合国家战略政策要求的产业园区建设、基础设施补短板等项目。

在有现金流的公益性项目中，2019年新发企业债主要用于水电煤等公益性项目、交通项目（高铁、城际铁路和高速公路）以及城市地下综合管廊等民生项目，占比分别为35.21%、31.25%、21.72%；整体情况与2018年类似，但2018年用于交通项目的资金更大。

从这里，人们不难发现，企业债中的大多数仍然是城投债，也是地方政府相关基建项目的融资资金来源之一。在地方政府隐性债务严格监管的当下，既要求严禁新增隐性债务，又要求稳妥化解存量隐性债务。

通过以上分析得知：下一步企业债仍可继续发行，发行规模还可增大，发债对应项目仍可对接部分有现金流的公益性项目，地方政府类投资项目仍可通过市场化融资渠道进行融资；随着企业债发行规模的增大，也成为城投企业放款的融资来源，企业债募集资金可以用于补充流动性资金（2019年第一季度超过1/4的资金用于补流），在某种程度上可以缓和城投平台的流动性压力。

这也从另一个角度告诉我们，2019年城投平台，面临的融资环境已发生较为明显的改善，城投平台的整体信用风险较2018年出现明显缓和；预计2019年城投债面临着更为宽松的信用环境，整体风险不大。但仍要看到，城投企业债仍以低评级为主，且发行成本较高，仍需关注非标类风险是否有扩散的倾向。

到此，人们心里应该有底了吧。

这里我想简单小结两句话：一句是实体企业仍以银行融资为主，一句是债券市场对实体企业仍有很大发展潜力。必须看到中国债券市场的稳健性和流动性进一步提高，将惠及本国经济，并促进全球资产多样化。

之所以这么说，如果过去40年，我们在贸易和产品方面的整合推动了中国的发展，那么未来10年，金融业整合一定会成为中国发展的主要推动力之一，并展现中国日益增长的全球足迹。就像2019年《政府工作报告》中所强调的，落实金融等行业改革开放举措，完善债券市场开放政策。

正因为我国已经开始加速债券市场开放领域的改革，政府通过启动"债券通"，允许境外投资者在无须设立境内账户的情况下，进入中国债券市场。对外国信用评级机构的限制也已经解除，标准普尔公司获得了第一张准入许可。此外，国际上对人民币的使用越来越多，包括各国央行和其他机构持有的人民币资产可能会继续增加，这也将提升市场对人民币计价债券的需求。

莫非"世事洞明皆学问，人情练达即文章"。通过系列政策的推进与努力，进一步加大改革的力度，包括进一步明确税收待遇和诸多的现行规则。而解决这些实际问题，可以在很大程度上进一步确保国际投资者对中国资本市场的兴趣。

考虑历史的原因，中国的信用债券市场有来自不同监管主体的债券工具，受不同规则的约束，并且在不同的平台上交易。虽然推进债券市场互联互通还有很长一段路需要走，不过中国已经建立起一个由中国人民银行牵头的部际协调机制来解决这一问题。

毫无疑问，中国的债券市场发展与更广泛的改革议程是紧密联系的。这些措施包括加强公司治理、改革国有企业、改善货币和汇率框架，制定措施以确保债券发行人业绩信息的完整性和可靠性等。在任何国家推行这些改革都会面临较多困难并需要一定的时间，但其对市场的发展至关重要。

可以预见，改革的推进将最大程度为国内外投资者带来利益，中国债券市场的未来是光明的。

这是我们企业债不懈努力的方向，相信只有经历这个过程，今后我国实体企业融资难、融资贵的问题，才会从根本上解决。就像前不久，两则关于缓解民营企业融资难的政策信息释放了积极信号，一下子提振了民营企业融资信心。

一则是国家发展改革委，在宏观经济运行情况新闻发布会上表示，扩大优质民营企业债券发行规模，推动债券品种创新，鼓励银行向民营企业发放3年期以上的中长期贷款，特别是先进制造业的中长期贷款。同时，协调推进发展前景较好的民营企业违约债券处置，助力民营企业纾困。

一则是沪深交易所在证监会的统一部署下，总结前期试点经验，联合中国证券登记结算有限责任公司发布《信用保护工具业务管理试点办法》，夯实信用保护工具制度基础，发挥债券市场公开、透明特点和引导优势，为民营企业发债保驾护航，推动缓解民营企业融资难问题。

令人欣喜的是，中国国债和政策性银行债券已经纳入国际主要指数，即将面临的是如何与国际司法管辖衔接的高阶问题。如，境外投资者买的境内信用债违约后应如何处置？境外投资者对于中国的违约处置机制是否认同？这些问题虽尚未发生，但一定是下一阶段必须面对与解决的问题。

所以下一步，我们务必按照人民币国际化的总体部署，加强统筹规划，继续稳妥推进债券市场对外开放。首先推动境外金融基础设施互联互通，积极探索境内基础设施与其他国家、地区基础设施的互联互通合作；其次继续支持境外机构在境内发行人民币债券，建立健全多层次的违约处置机制，使境外投资者更有信心投资中国的信用债；再次继续引进更多国际评级机构跨境展业或在本土落地，促进中国债市评级质量和国际认可度的提升；还有继续推动我国债券纳入富时罗素、摩根大通等其他国际主要债券指数；再有研究推出债券ETF等债券指数产品，丰富债券市场交易品种，满足境外投资者指数化投资需求；最后研究适时全面放开境外机构参与回购交易，大力推进人民币衍生产品使用。

只有这样，我们才会"满眼云山画图开，清风明月还诗债"。

啊啊，如果企业注定欠俗世一份诗债的话，那么我们何不大胆向自己的内心走去，听听风，看看云，赏赏月，就像最初听到《何必诗债换酒钱》，初识不知曲中意，听懂已是曲中人。

那好吧，那就赶紧收拾一下心情，前行的路上，不只是眼前的苟且，一定还有"企业债"的诗和远方。

科创，一个如歌的行板
——第十张面孔是科创板

　　科创板就是科技创新在股市上的板块。出乎意料的是，这次中国从首次提出到正式落地，科创板的成立仅用了137天。别再认为科创板跟自己没关系，现在不少基金也是投资股票市场的，当你购买基金时，或许已经间接买了股票。所以，企业通过科创板上市不是目的，以科创板推动创新引领中国发展，才是我们的诗和远方。

"福也！"喝彩师一声领唱。

"好哇！"众人大声应喝。

"福也！好哇！"的喝彩声嘹亮清脆、掷地有声，即使不太能听得懂浙江常山方言的人，也会被喝彩者的激情所感染……

"常山喝彩歌谣"已被列入国家级非物质文化遗产代表性项目名录。常山地处长三角一体化的最西部，是上海打造的G60科创大走廊的最西端，也是我开展2019年"三服务"（服务企业、服务群众、服务基层）的工作联系点。

我与来自经济界的几位诸神，今天的话题是如今如日中天的科创板，这是时下中国资本市场上一个非常重要的风向标。

什么是科创板？顾名思义，科技创新在股市上的板块。出乎意料的是，这次中国从首次提出到正式落地，科创板的成立仅用了137天。与此形成鲜明对比的是，创业板的这一历程则用了10年多的时间。中国科创板落地如此神速，谁都会情不自禁拍手赞叹"好哇"。

这时人们不免欲问，中国为何在此时火箭发射般地推出科创板？1990年12月，两大全国性证券交易所上海证券交易所和深圳证券交易所相继成立，拉开了新中国资本市场发展的大幕。经过近20年的发展，截至2018年底，3567家A股上市公司合计市值43.37万亿元，已成为全球第二大股票市场。

但资本市场存在一些结构性问题，致使其在资源配置的效率方面还不适应经济高质量发展和现代化资本市场体系的要求。这些结构性问题主要表现在直接融资发展不充分、投资者结构不合理、上市企业结构不合理、重发行而轻退出等，从而衍生出欺诈发行、操纵市场、内幕交易、惩罚措施执行难等各种乱象。

这么说来，推出科创板并试点注册制这件事早已是迫在眉睫，因为中国资本市场改革已进入深水期，改革刻不容缓，这是促进经济高质量发展、深化供给侧结构性改革的关键举措。

就在中国资本市场到了"山重水复疑无路"之时，2018年11月5日，习近平总书记在首届中国国际进口博览会上，正式向世界表示，中国将在上海证券交易所设立科创板并试点注册制，支持上海国际金融中心和科技创新中心建设，不断完善资本市场基础制度。

在这里，中国对科创板的定位非常清晰，就是"科技创新板"，不是"科技创业板"，也不是"科技创投板"。首次抛出设立"科创板"+试点"注册制"的概念，于是中国资本市场近年来最大的一次局部增量改革+阶段性试点推进工程就此展开，其间最高领导人作了四次批示。

这事儿是军中无戏言，只能成功不能失败。2019年1月23日，《在上海证券交易所设立科创板并试点注册制总体实施方案》和《关于在上海证券交易所设立科创板并试点注册制的实施意见》获通过。2019年3月2日，《科创板首次公开发行注册管理办法》和《科创板上市公司持续监管办法》发布，科创板正式开闸。随后，上海证券交易所又发布了相关业务规则和配套指引。

至此，科创板形成了"2+6"的制度规则，其中2项证监会部门规章，6项上交所配套业务细则。2019年3月22日，首批科创板受理企业名单出炉，共9家企业的上市科创板申请被受理。其中，新一代信息技术企业3家、高端装备制造企业2家、生物医药企业2家、新材料和新能源企业各1家，所属产业均为战略性新兴产业。

随着科创板的神速落地，我们对科创板的意义的理解进一步加深，这才发觉，科创板就像一个如歌的行板：

这是一首进行曲，是关乎资本市场发展的一场制度革命。因为科创板及注册制试点的推进和落地，核心是理顺政府与市场的关系。从核准制走向注册制，至少有4个方面需要重建：市场理念需要重塑，从审核公司历史向发现未来价值转变；资本市场责任体系重界，政府从事前审核转向事中、事后监管；定价基础的重建，建立以机构投资者为主体的买方市场；信息披露的重构，将可以由投资者判断的事项转化为更加严格的信息披露要求，有效落实"卖者有责，买者自负"理念。

这也提醒我们，一方面设立科创板并试点注册制是一项系统性工程，将在发行、定价、交易、信息披露、退出、中介机构等各方面进行改革试点，不断完善资本市场基础性制度。另一方面科创板与现有各上市板块的关系是市场关注的一个重点问题。科创板和现有的主板、中小板、创业板以及新三板都是多层次资本市场体系的重要组成部分，许多创新的改革制度将在科创板上先行先试。因此，这不仅仅是简单增加一个上市板块，重点在于制度创新、统筹推进。

这是一首交响乐，将成为科创企业发展的一个重要抓手。在这里，科创板实际上要解决两个问题：第一，要让什么样的企业上市。从理念上看，科创板显然是要让未来有成长性的企业上市，它特别重视企业的产业属性，也特别重视企业的周期性特点，它会让那些处于成长期的企业上市，所以，那些高科技企业更有可能成为科创板上市的主流。第二，一个企业有没有投资价值，它由市场加以确定，由投资者加以确定，不同的投资者对不同的企业有完全不同的判断，正是基于这样的判断，所以资本市场上才会有交易。从这个意义上说，什么样的企业有投资价值，交给市场去判断是最好的。

截至2018年11月，新兴行业上市公司已经达到1268家、总市值11.9万亿元，占全部市场比例分别为35%、26%。高新技术企业处于快速发展阶段，具有资金需求高、资本周期长、规模相对小、短期盈利能力不足等特点，往往难以符合主板上市条件。且由于主板上市流程长，企业难以及时获取资金支撑发展，易错过最佳发展期。而新三板流动性不足，企业再融资需求难以获得满足。科创板的快速审核和制度创新有助于解决高新技术企业在快速发展时期的融资问题，实现以金融基础制度建设推动科技强国建设。

这是一首咏叹调，是来自金融供给侧改革的强烈要求。因为金融供给侧改革需要增加有效供给，加强服务实体经济的力度。从结构的角度看，需要增加直接融资，增加对中小企业融资的支持。长期以来，由于我国资本市场发展市场化程度不高，法治化制度不够完善，由此带来上市公司质量不高、违法违规成本过低、中介机构责任和能力不强等各种问题。科创板既有助于解决创新企业融资需求，又能够加强直接融资渠道建设，是金融供给侧改革的重要组成部分。

目前主要还是要充分借鉴海外成熟市场和国内历史经验，在基础制度建设方面进行创新试点，包括注册制、同股不同权、放宽科创企业上市门槛等，将它作为深化资本市场制度改革的重要试验田。

既然科创板一切已经就绪，那就抓铁留痕地推进，无须再唠叨什么了。但重要的事情说三遍，这是我为什么还要绞尽脑汁写这篇文章的动机。

谁都知道，资本市场不是随便玩玩的，更没有我们想象得那么简单，它可是"牵一发动全身"，对稳经济、稳金融、稳预期发挥着关键作用。

市场的健康发展，离不开资本市场基本制度的完善。随着科创板和注册制试点的落地，我国资本市场迎来了加快完善资本市场基本制度的重大机遇。

正如 2019 年《政府工作报告》指出的，要坚持创新引领发展，培育壮大新动能。当前，中国经济正处在新旧动能转换的关键时期，培育壮大新动能，离不开一系列制度和环境的支持。设立科创板并试点注册制，正是在这样一个大背景下提出的，其核心是要提升我国金融体系对于创新和创业投资的支持力度。笔者认为，市场各方要从更为宏观的高度充分认识到科创板的重要意义，认真贯彻落实党中央、国务院关于资本市场的这一重大决策部署，形成工作合力，共同完成设立科创板并试点注册制的历史任务。具体要求我们：

——*这是一首声音清脆动人的笛子独奏，必须奏出中国特色金融之路。* 长期以来，中国的投融资体系一直以间接融资为主，而在间接融资体系下，银行贷款意愿的顺周期性难以克服，在信息不对称约束下，银行对抵押物、企业规模的偏好，难以从根本上得到改进。加之，近 30 年来，中国证券市场虽然经历了长足发展，市场规模居于世界前列，但在一系列基本制度特别是发行上市方面，还是在强调拟上市企业的盈利水平及规模，这种制度安排的受益者多是传统企业。而对于现代科技创新企业，企业的核心价值主要集中在人力资源、技术等方面，无论是行业还是企业本身，前景也都具有较大的不确定性，无论是间接融资还是当前的资本市场结构，均不能很好地服务这些企业，为其提供高质量的金融产品和服务，促进其快速发展。这也是我们现在要设立科创板并试点注册制的主要原因。

2019 年 2 月 22 日，习近平总书记主持中共中央政治局第十三次集体学习上指出：金融活，经济活；金融稳，经济稳。经济兴，金融兴；经济强，金融强。经济是肌体，金融是血脉，两者共生共荣。我们要深化对金融本质和规律的认识，立足中国实际，走出中国特色金融发展之路。这就要求我们深化金融供给侧结构性改革，必须贯彻落实新发展理念，强化金融服务功能，找准金融服务重点，以服务实体经济、服务人民生活为本。要以金融体系结构调整优化为重点，优化融资结构和金融机构体系、市场体系、产品体系，为实体经济发展提供更高质量、更有效的金融服务。

——这是一首恢宏壮阔的管弦乐，必须演绎金融为实体服务的大场景。金融要为实体经济服务，满足经济社会发展和人民群众需要，从行业定位看：科创板行业定位为科技创新型企业，旨在通过支持符合国家战略、突破关键核心技术和市场认可度高的科技企业融资，以推动互联网、大数据和新兴制造业融合发展，助力代表新经济的企业发展。科创板主要覆盖新一代信息技术、大数据、云计算、人工智能、新能源及节能环保、高端装备、生物医药和新材料等八大行业。

从区位受益看：科创板主要服务科技创新型企业，目前这八大行业主要分布在北上广及长三角地区。截至2019年4月4日，在已受理企业注册地分布中，上海、广东、江苏、北京、浙江位列公司家数及募资总额前五位。尤其长三角作为我国经济发达地区，拥有丰富的高等教育与科技创新资源，由上海、嘉兴、杭州、金华、苏州、湖州、宣城、芜湖、合肥9市组成的G60科创走廊，未来将扮演长三角更高质量一体化的"引擎"角色。事实上，其IPO储备项目中大部分来自长三角，地域优势明显。

从准入门槛看：科创板上市实行多元化标准，针对不同行业、不同类型企业执行不同标准。相较于A股主板上市严格的收入和盈利标准，科创板上市更多借鉴港交所市值为主的上市标准。并针对营收增长快速且拥有高新技术的红筹企业，专门出台了《科创板创新试点红筹企业财务报告信息披露指引》。

*——这是一曲气吞山河的大合唱，必须唱响营造良好金融环境的主旋律。*货币问题、债务问题、经济结构问题是影响资本市场的外部生态，而资本市场内部生态主要体现在基础制度上。上市公司治理机制与信息披露制度是资本市场信用关系的两根支柱。从历史上看，这两方面的制度变迁，都是靠行政强制力来推动的。科创板是我国资本市场迈向服务高质量发展的重要起点。同股权分置改革一样，设立科创板和试点注册制是增量改革，都是以服务国家战略为方向解决"路径依赖"问题，实现资本市场的基础性制度变革。

目前，科创板建设和注册制试点工作正在高效平稳推进中，各项配套业务规则不断完善，不少企业已经完成了上市辅导，投资者也对市场抱有较高期待。笔者觉得，当前，从监管部门、交易所到各个券商机构，要在充分认识到科创板的重要意义的基础上，认真贯彻落实党中央、国务院关于资本市场的这一重大决策部署，认真做好科创板发行、审核、交易等各方面的准备工作，证券公司要积极提升发行定价、销售、研究等业务能力，做好企业承销保荐等工作。市场各方要尽职尽责，严格把好交易权限开通、企业选择、发行定价、材料申报等各项关口。

还应当认识到，作为中国资本市场改革的"试验田"，当前针对科创板设立的一整套配套业务规则进行了大量的制度创新，这些制度创新可能需要磨合期，需要在市场的实践过程中不断调整。在这个过程中，市场各参与方要以长远的目光、包容的心态，疏通金融进入实体经济的渠道，使科创板真正成为资本市场供给侧结构性改革加速器，成为助力创新企业融资、支持科技创新和完善资本市场基础制度建设的重要举措。

附带一句，有财经人士直言，A股市场中充斥着"经营长期不死不活只等卖壳的、蹭热度频繁换主业改名的、靠并购扩市值积累商誉的、减持前强推高送转跑路的、玩财技洗澡配合游资搞大波段的、靠不停卖家底吃补助极力续命的"一类的公司。科创板要做的，就是向这类公司说"拜拜"。

看来，赖在股票市场混日子的个股，在这个阶段将很难再有出色表现。所谓的"壳公司""僵尸股""仙股"等投资价值极低的股票，也不会再有苟延残喘的机会。从这个意义上来说，科创板就是一块新的试验田，针对现在证券交易市场存在的问题，我们可以在这个市场中寻找解决的方法，它不会是高高在上的金钱游戏，相反，它将影响并改变现在的某些弊病。

接到订单，输入产品型号，设定好的ERP(企业资源计划)系统会通过计算识别这双袜子的成分和各种原料数量，输入生产总数，相应原料的采购单就会立即生成——这是《人民日报》曾报道过的发生在浙江某公司车间里的一幕。该企业自主研发ERP(企业资源计划)，在精确化的管理下，系统启用第一年就为公司盘出了2000万元的流动资金。这是科创助推传统产业转型升级的一个创新事例。

别再认为科创板跟自己没关系了。要知道，现在不少基金也是投资股票市场的，当你购买基金时，或许已经间接买了股票。也许，企业通过科创板上市不是目的，以科创板推动创新引领中国发展，才是我们的诗和远方。

在我们离开常山时，遇见当地喝彩歌谣的非遗传承人曾令兵，他又用自己特有的粗犷的嗓子，对我们喝彩道："福也!"

"好哇!"我们全部跟着大声应喝着。

"福也! 好哇!"让喝彩歌谣在长三角西部的天空久久回荡。

蓦然，又让我想到一句话：人生如歌，科创未央!

这个夏季栀子花因你而香

——第十一张面孔是政府投资

　　常听人调侃，中国投资主管部门，是一个无法无天的部门。言下之意，没有投资法规的约束。近年来一些地方政府为追求GDP，造成地方政府负债居高不下。国家《政府投资条例》的正式颁布，有利于提高政府投资效率和居民消费水平，促进我国经济迈向高质量增长新阶段。

我喜欢栀子花盛开时，那淡淡的青、那净净的白、那素素的黄，满眼的玉树琼花，甚至把整个酷夏消融，让人变得纯情。

这天正好栀子花开，国家正式对外发布了《政府投资条例》，决定从2019年7月1日开始实施。

我久久伫立在栀子花前，见那洁白如雪的花瓣，有的圆滚滚露出蜡烛头，有的羞答答展开两三片，有的美滋滋舞动裙摆，散发着一阵阵诱人暗香，也许这就是投资在人们心中最美的姿势。

顾名思义，政府投资是指政府作为投资主体的投资。它不仅能在最大限度上满足公共事业、基础设施等方面的建设需要，也对引导投资、调整投资结构、贯彻产业政策具有重要的导向作用。宏观方面，政府投资事关经济社会发展全局；微观方面，政府投资事关人民对美好生活的需求。从乡村振兴的阡陌交通、廉租房内窗明几净，到神舟上天、蛟龙入海，都能找到政府投资的影子。

但与经济高质量发展的客观要求相比，政府投资也存在着管理规范滞后的情况。如政府投资的边界不明、职责不清、效率低下等诸多弊端已日益凸显，对其依法规范已是势在必行。于是，那些深藏在我内心深处的记忆，像这清新的栀子花香般弥漫开来。

那是1998年6月，我援藏三年归来，在浙江省发改委投资岗位任职，发现浙江民间投资特别活跃，就牵头做了一个课题，引发国家有关部门的关注。

记得1999年经济工作会议一结束，时任国家发改委主任曾培炎就带队来到浙江调研民间投资问题。2000年两会之后，曾培炎担任了主管固定投资的副总理，这年下半年我被秘密召集到北京的一个宾馆，开始了鼓励和引导民间投资发展的政策起草工作。由于当时对民营经济发展，上下思想还有许多争议，这一政策文件也就无疾而终。

民间投资推不动，后来我们就反推政府投资，于2001年开始了政府投资条例的起草工作。直至2010年1月，9年内经过多次修改，国务院法制办公室终于公布了《政府投资条例》（以下简称《条例》）征求意见稿，向全社会公开征求意见。但到近期发布又过去了9年，这次发布的《条例》与当时的征求意见稿，早已不可同日而语。

究其原因，我国此时经济正处于高速增长阶段，各类基础设施尚不完备，需要发挥各方之合力共同加速推进，提高整体经济的运行效率，而且该《条例》涉及面较广、涉及领域较多；需要有效明确政府与市场之间关系、清楚界定地方政府财权与事权；需要统筹协调国家各个部委的职责、明晰投资领域和程序等，还涉及一些法律法规的修订工作，属于一项复杂的系统性工程，这在当时肯定难以形成共识。

谁不喜欢栀子花的清纯淡雅，在时光流年里缓缓前行。从我国基础设施建设存量可以感悟到——截至2018年末，我国铁路营业里程13.1万公里，其中高铁运营里程2.9万公里；公路运营里程484.65万公里，其中高速公路14.26万公里；内河航道里程12.71万公里；民航机场达235个；全国轨道交通运营总里程达5761.3公里、运营线路185条，在建和规划线路总长7611公里。高铁、高速公路与内河航道运营总里程已稳居全球第一，我国基础设施水平近年来已有大幅提升。或者说，传统"铁公基"基础设施已度过高强度建设阶段，未来人工智能、工业互联网、物联网等新型基础设施建设正方兴未艾。

　　谁不喜欢栀子花的玉树琼花，在清音幽弦中赋予辞章。从政府投资稳定经济角度可以看出——2009年以来，政府投资的确在经济面临较大下行压力的时间节点，发挥了重要的经济稳定器作用，且每次均能力挽狂澜将经济增速拉动至预期水平，但短期手段长期使用的一些副作用也已陆续显现。一方面刺激政策存在边际效用递减，拉动同样GDP所需资金等要素数量大幅增加，另一方面由于政府投资多依赖于地方融资平台，融资平台对资金普遍不敏感，由此造成了政府投资力度加大时市场利率会出现明显上涨，侧面提升了全社会的资金成本，对一些经营效率高的企业形成了挤压。而且，高强度投资短期还大幅增加了地方政府隐性债务，提高了商业银行的信用扩张水平，导致近年来广义货币增速持续高于GDP增速，并在2012年后创造出了一个规模超40万亿元的影子银行市场，进而推动了近年来资产价格的快速上涨。

　　谁不喜欢栀子花的暗香盈袖，在晓月如诗中飘舞倩影。从政府投资与居民消费协调发展可以体会到——政府投资项目主要集中于公共领域，其最终目的是形成固定资产后，减少全社会的交易成本并促进居民消费。但近年来一些地方政府为追求GDP，一些项目投资短期超过了地方财政承受能力、超过地方居民消费能力；还有一些项目上马时存在"打擦边球"绕过审批现象，未经详细论证就匆匆上马，造成后期使用率不高的问题；甚至还存在由建设单位垫资建设的问题，提高了地方政府的显性和隐性负债水平，不利于地方经济的长期可持续发展。因而有必要科学规范政府项目投资的决策程序和日后的监管及追责，做到政府投资与消费平衡发展。2001年至2013年，我国投资对GDP的平均贡献率一直高于最终消费，2014年起最终消费对GDP的贡献率才开始逐渐高于投资。

　　栀子花一路要经过孕育、成长、蓓蕾、绽放，最后才能花开满树。经过近几年的努力，我国政府投资逐渐向规范化、透明化角度发展，投资领域日益清晰，投资与财力更加匹配，决策更加科学，投资后的监督更加严谨。更为重要的是，系列政策的实施切实有效地解决了融资平台大幅举债拉高全社会资金成本的问题，以及商业银行信用和影子银行快速扩张的问题，广义货币M2增速已出现明显下降，并已逐渐与名义GDP增速相匹配。

有一段时间，我常听到人们调侃，中国投资主管单位，是一个无法无天的部门。言下之意，不受投资法规的约束，一切投资都有可能打水漂。作为一种无奈，它从另一个侧面提醒我们，只有政府投资规范了，社会投资才会有自己的一席之地。从客观上说，近年来国家出台许多政策，《条例》已具备了出台条件，抓紧出台将更有利于提高政府投资效率和居民消费水平，促进我国经济迈向高质量增长新阶段。

其实，美丽的栀子花开并不易，她喜欢透气性较好、养分含量较多的土壤，适宜全日照的环境，正午又需要遮光，薄肥勤施、保持花土微湿才行。欣慰的是，这个将近4000字的《条例》，阐述了政府投什么、投向哪，明确了项目上马决策标准及流程，后续监督管理和违法相应责任等，这是我国关于政府投资管理的第一部行政法规，也是投资建设领域的基本法规制度，标志着全面规范政府投资管理迈出了具有重要意义的一步。

栀子花开有一种超凡脱俗的美，而《条例》有一个最大的亮点——科学合理界定了政府投资的范围。这是长期以来各方喋喋不休讨论的核心问题之一，因为政府投资范围直接涉及政府和市场关系，在这个问题上必须坚持"有所为、有所不为"，确保政府投资聚焦重点、精准发力，坚决杜绝低效、浪费现象，并避免与民争利。

要求政府投资资金应当投向市场不能有效配置资源的社会公益服务、公共基础设施、农业农村、生态环境保护、重大科技进步、社会管理、国家安全等公共领域的项目，以非经营性项目为主。

为了从机制上确保政府投资始终投向最需要投、最适合投的方向和领域，这次明确规定国家建立政府投资范围定期评估调整机制，不断优化政府投资方向和结构。同时，为发挥政府投资对社会投资的引导和带动作用，激发社会投资活力，国家必须完善有关政策措施，鼓励社会资金投向公共领域的项目。

栀子花开有一种醉人心扉的香，而《条例》能进一步刺激社会投资。《条例》规定，纯公共领域，政府直接投资为主；准公共性项目，可采取参股的方式；在目前市场发展阶段可以在竞争领域通过投资补贴、贷款贴息等方式激活社会投资。除了这一条例，将来还会制定关于政府和社会资本合作（Public-Private Partnership，简称PPP）的《基础设施和公共服务领域政府和社会资本合作条例》（简称《PPP条例》），对政府和市场合作做出更全面的规定，来更好引导社会投资。这就要求我们必须坚持"有所为、有所不为"，避免与民争利。如何理解"有所为"和"有所不为"？

不与民争利，就是把更多的机会让给社会资本和民间资本，市场如果配置得更好就让市场配置。政府有所为，就是在市场配置不到的或者市场不能充分配置资源的领域，政府来做配置。纯公益性没有收益的，市场不愿意介入但关系到国计民生、国家安全等的领域，政府要有担当，承担起投资的职责，这就是"有所为"。此外，政府到底需要向社会提供什么样的基础设施或公共产品，或者社会发展对政府提出怎样的需求是不断变化的，因此政府投资边界也要不断调整。

栀子花开有一种清纯淡雅的色，而《条例》对PPP的规范发展起到包容作用。政府投资有三种方式，一种是政府直接投资，这就是说，这些领域引入社会资本的可能性比较小。一种是有经营可行性的领域，这种情况就要在公共领域内，或者在准公共领域里创造市场，引入社会资本，政府投资采取资本金注入的方式。还有一种是在更广的竞争性领域，政府可以采取投资补助或贷款贴息政策。PPP正是在第二类和第三类当中。

《条例》在处理政府投资和PPP投资上做出了衔接。如果政府直接投资为主或者政府采取股权投资参股的，要按照《条例》的规定实行政府投资项目审批管理。如果PPP主要使用社会资本，政府在PPP中不直接投资的，一般情况下不适用《条例》这样一个规范。无疑，《条例》颁布对PPP项目是利好。政府投资主要在非经营性项目，大量的基础设施领域经营性项目和准经营性项目投资机会就让渡给了社会资本方。社会资本通过PPP模式投资这些经营性和准经营性项目，应该有更多机会。

栀子花开有一种冰清似玉的情，而《条例》对防范地方债务风险方面有了更明确的要求。大家知道，自2014年以后，我们才允许地方政府正式发债，预算资金里已经包含了政府的债务资金了，这样的话，强调政府的预算资金和工程投资规模受到条例约束，实际上已经把控制债务风险也包含在内。《条例》强调了"政府投资项目不得由施工单位垫资建设"，以及强调"政府及其有关部门不得违法违规举借债务筹措政府投资资金"，这就从管理上来约束隐性债务的新增。

对于政府债务风险，特别是防范隐性债务风险，《条例》提到了从源头上防范债务风险。比如《条例》提出，在项目的可行性研究阶段，投资的主管部门要去审查建设资金的落实情况。如果说在源头上落实了项目建设资金的话，政府的债务风险，特别是隐性债务风险就可以大大减小。

不过，栀子花孕育花朵的时间很长，它从冬天就在孕蕾，等到夏天才会开花。期间很长时间的等待，只是为了在夏季的某一刻开放。它将花朵的芬芳赠予了世间，也许这只是为了一个约定。所以，为政府投资"立规矩"，也是为了更好界定政府与市场的关系。正如习近平总书记强调，全面推进依法治国的重点应该是保证法律严格实施。^①当前和今后一段时期，我们必须全面提高依法开展政府投资工作的水平。具体地说：

就像栀子花开离不开灿烂当空的骄阳，要全面提高依法开展政府投资工作的水平，我们必须进一步提高贯彻落实《条例》的站位。加强《条例》贯彻实施，有利于坚持市场化方向、进一步深化投融资体制改革，正确把握政府投资的功能定位，充分发挥市场在资源配置中的决定性作用。有利于贯彻高质量发展要求、依法做好防风险和补短板工作，更好发挥政府投资在优化基础设施供给结构、提升基础设施供给能力中的作用。有利于落实全面依法治国要求、将政府投资管理纳入法制轨道，推进政府投资职能、权限、程序、责任法定化，运用法制思维和法治手段提高政府投资工作能力。有利于规范政府投资资金和项目管理，依法推进资金统筹使用和项目科学决策、严格监管，切实提高政府投资效益。

就像栀子花开离不开飒爽沁人的微风，要全面提高依法开展政府投资工作的水平，我们必须进一步加强《条例》的配套制度建设。《条例》作为我国政府投资管理领域的第一部行政法规，其所规范和调整的政府投资领域非常复杂，在与已有各项法律法规的衔接中工作难度很大，其制定和实施又处于我国全面深化改革的重要时期，因此它对符合改革方向又难以一刀切的问题仅作了原则性规定，对有些操作和执行层面的细节问题也还没有作出具体规定。这就需要根据《条例》确定的基本原则、基本要求及其授权，继续完善相关规章制度，为投资法治建设创造实践基础。与此同时，还要全面清理不符合《条例》的现行制度。

就像栀子花开离不开洁白无瑕的芳香，要全面提高依法开展政府投资工作的水平，我们必须进一步推进投融资体制改革。以《条例》为依据进

①出自2014年10月28日，习近平总书记关于《中共中央关于全面推进依法治国若干重大问题的决定》的说明。

一步完善政府投资体制，是当前和今后深化投融资体制改革的重要任务。我们要协调推进《条例》的贯彻实施和政府投资体制改革，围绕优化投资结构、完善投资方式、规范项目管理、推进政府和社会资本合作以及审批制度改革等方面不断深入探索创新，加强宏观调控、统筹衔接和服务监管，不断提高政府投资管理水平，充分发挥政府投资效益。

在这个栀子花开的季节，政府投资仿佛是我们遇见的一位美丽姑娘，她在千野明媚中，她在百里浓墨中，她在十里莺鸣中，她在一路花香中。

我为什么特别喜欢栀子花，正因她那幽幽的香、那浓浓的醇、那沁沁的情，清纯淡雅，一朵比一朵娇美，甚至已把整个夏季醉倒。亦如杜甫曾经以栀子花自比，哪怕孤芳自赏也不可丢掉气节，这让我想到一句话：

你白皑皑的云呀，是我在天空投下的倩影。

一只不死鸟,半部企业史
——第十二张面孔是债转股

全球金融危机爆发以来,关于债务的担忧始终存在。债到底是什么?债的问题如何解决?中国在其中又扮演什么角色?如果说企业债是一块石头,那么债转股就是赋予每块石头的梦想,因为债务的本质,其实就是钱,或者说货币。通过债转股,可以较好地化解企业债务压力,缓解银行体系不良资产带来的压力。

人间真的有不死鸟吗？诗人奥维德曾将"菲尼克斯"描述为不死鸟，说它的寿命极长，每隔500年，就找到一棵大树，用带香味的花草树木筑一个巢，然后在这个巢里自焚，在烧剩的灰烬中，它又以幼鸟的形态重生。然后这个新生儿会用珍贵的香料做一枚蛋，把骨灰装进去，再飞回故乡埃及，把蛋葬在太阳神庙里。据说，完成了这个流程后的"菲尼克斯"，又能再活500年。后来，又听说世界上有一种鸟是没有脚的，它只能一直飞呀飞呀，飞累了就在风里面睡觉。这种鸟一辈子只能下地一次，那一次就是它死亡的时候。以前听到这个故事，就觉得这鸟儿好可怜，心中总有一丝伤感！后来才知道原来这只鸟的名字就叫：实体企业。

如今举国上下，都在为实体经济摇旗呐喊，我就想，企业能否也成为这样的不死鸟，实现"凤凰涅槃"？

欣慰的是，人们为企业成为"不死鸟"寻到了大树和香料，并美其名曰企业债转股。如今人们稍作注意，企业债转股这一金融工具，时下又一次被推到风口浪尖。2019年5月下旬，国务院常务会议再次发声，进一步确定了深入推进市场化法治化债转股的措施，支持企业纾困化险、增强发展后劲。2019年6月初，国务院新闻办趁热打铁，举行了推动市场化法治化债转股促进稳增长防风险工作吹风会，邀请了我的老上级国家发展改革委副主任连维良等介绍了有关情况。

在社会资产负债风险、经济下行压力有所增大的背景下，债转股这一工具再次被中央所重视。同时，对那些谈"债"色变，尤其对身心遭遇全球金融危机重创而苦大仇深的人，不能不说是打了一支强心针。

让企业成为不死鸟，推出债转股这一概念，最初在2016年10月10日国务院《关于积极稳妥降低企业杠杆率的意见》中提到，后又通过《关于市场化银行债权转股权的指导意见》进一步明确了原则、实施主体与实施方式等规则。

近3年时间过去了，国家积极稳妥降低企业杠杆率工作部际联席会议办公室（这个机构名字和表述太费解，其实就是国家发改委）协调相关机构，遵循市场化、法治化、有序开展、统筹协调的原则，给予实施机构和其他市场主体充分的尝试空间。如今随着相关法规、政策的不断完善，市场参与主体的逐渐增加和案例的丰富，"市场化债转股"业务的快速发展机遇期已经到来。

生长于阿拉伯荒漠的不死鸟，住在一口枯井附近，每当黎明来临之时，就在清晨的阳光中，唱起美妙动听的歌，而太阳神阿波罗会停下他的战车静静聆听它的歌声。哈哈，现在我听到不死鸟在唱着中国一首流传歌曲：有一个美丽的传说，精美的石头会唱歌。

如果说企业债是一块石头，那么债转股岂不是带给每块石头梦想。不是吗？因为债转股，是指债权人将对债务人的债权，转化为对债务人或相关企业的股权。转股完成后，原债权及其权利消灭，债权人成为转股企业的股东，享有股东权利，履行股东义务，承担经营风险。市场化法治化债转股从法律关系上应与债转股同义，前面定语的使用主要为强调本次债转股中市场化、法治化的特点，以便与之前的"政策性债转股"相区别。

这里有一组数据：截至2019年4月底，我国债转股签约金额已经达到2.3万亿元，投放落地9095亿元。已有106家企业、367个项目实施债转股。实施债转股的行业和区域覆盖面不断扩大，涉及钢铁、有色、煤炭、电力、交通运输等26个行业。目前已经收到立竿见影的效果：主要是企业杠杆率持续下降，微观层面上，2018年末，国有企业平均资产负债率64.7%，较2017年末下降1个百分点；增强了优质企业资本实力和综合竞争力；推动了出险企业债务的稳妥有序处置。

早些年的债转股虽然让企业尝到了甜头，但又觉得糖少不甜心。或许，因为这一原因，这才有了时下中央政府紧锣密鼓地推进新一轮债转股。

说"或许"是因为我心里一直没底，于是在书架上翻到全球最大对冲基金公司桥水创始人达利欧写的《债务危机》一书——听说这本书不久前曾经刷爆朋友圈，也入选经济读书会2018十大好书。达利欧的本行是投资，谈经济的债务危机，显然灌注了更多专业思考。书中货币、债务和信贷总是被一同提起。他将三者关系如下定义，"信贷定义为赋予他人购买力，他人承诺今后偿还该购买力，即偿还债务"，"大部分被视为资金的东西，其实是信贷，而信贷这种东西，会在经济繁荣的时候凭空出现，也会在经济不振的时候凭空消失"。

资金可以凭空出现，对这件事，如何评价，是好是坏？对中国读者来说，关于全球金融危机的记忆，不少是由于信贷跃进带来的通货膨胀与资产价格泡沫，因此对于信贷增长非常反感。不过，我们要记住，中国这几十年情况有特殊性。从其他国家经验来看，如果信贷紧缩，往往伴随经济萧条与通缩，丧失可能的发展机会，作为通胀反义词的通缩，它的世界并没有那么美好。

所以，全球金融危机爆发以来，关于债务的担忧始终存在。债到底是什么？债的问题如何解决？中国在其中又扮演什么角色？这本书提醒我们，债务的本质，其实就是钱，或者说货币。欧美、亚洲多个国家，都曾经在面临严重债务危机时通过债转股化解企业债务压力，缓解银行体系不良资产带来的压力，最典型的有美国、日本、韩国、波兰和智利等。这些国家债转股有一大特点，债转股大多发生在经济周期转弱、债务危机发生之时，目的是保护脆弱的实体经济、减轻银行不良资产负担、缓解金融危机压力，因而它是特殊经济周期的产物。他们的债转股的成功经验，有这么几招值得借鉴——

早发现早处理是重点。 智利由于处理及时，在20世纪70年代拉美债务危机中，利用债转股手段成功将国家从经济衰退的泥沼之中解救出来。

政府引导支持是保证。 每个国家的债转股政府都施以援手。甚至美国这样市场化的国家，在银行出现大量不良资产时政府也对银行给予足够的支持。

市场化选择标的是原则。 凡是由投资者自行甄别标的，债转股都较为成功。而波兰是纯粹的政策指导对国有企业进行债转股，实施效果并未达到预期。

打开能进能出通道是保证。 通常债权转为股权后持股方并不倾向长期持有，在经济周期转强后需要成熟的股权交易市场给予退出通道，可通过一二级市场进行交易，也可以出售给政府、拍卖或回购。

看了人家的，回头再看自己，可以说20世纪90年代，债转股在我国经济发展历程中算是第一次亮相。那时，国有企业依靠贷款创业经营，经济体制落后、经营效率低下加上盲目投资等因素，造成银行体系累积了大量坏账，相当数量的国有企业出现了经营困难。1998年朱镕基总理提出了国有企业三年脱困的大目标，也就是在这一历史背景下，债转股初次登上了中国历史舞台。

那一轮债转股的主要目的是给企业减轻经营负担，缓解银行坏账压力，防范和化解银行体系的金融风险。主要手段是成立了信达、长城、华融和东方四大资产管理公司，以政府出资结合国开行和四大行发行金融债券的方式给予资金支持。选择产品有市场、发展有前景、由于债务过重而陷入困难的国有企业，四大资产管理公司按照面值购买银行不良资产。

那时债转股带有政策指引色彩，对象限于国有企业，购买的是银行不良资产。最终完成了580多家企业债转股，转股金额超过了4000亿元人民币，四大行不良资产率下降了十个百分点。以时间换空间，减轻债务压力后，很多企业获得珍贵的发展机遇，迅速扭亏为盈，例如宝钢、苏玻等知名企业。以宝钢为例，如今宝钢已经成为我国钢铁行业的领军企业，以191.7亿元人民币在2017年钢铁行业A股上市公司净利润排名第一。然而宝钢的经营并非一帆风顺，在20世纪90年代后期，宝钢旗下的上海一钢、浦钢、五钢、梅山几家企业几乎集中了当时困难国企的所有特性：人员冗余、技术装备落后、历史包袱沉重、经营绩效很差。1999年共计亏损9.22亿元，负债总额83亿元，资产负债率高达76%。

而新一轮企业债转股自2016年开展至今，相对于90年代末期债转股，本轮债转股已经褪去了政策指导的色彩，市场化、法治化"债转股"开始备受各方关注。在经历了前期"落地难"等问题后，本轮债转股在2018年获得了较大进展，在降杠杆、改善企业资产负债结构、恢复企业发展动能等方面发挥了积极作用。本轮债转股与20世纪90年代的债转股，到底有什么不同呢——

以企业降杠杆为目标。根据海通证券姜超的测算，截至2016年底，我国政府、居民和非金融企业部门的杠杆率分别为46%、50.6%和141%，总杠杆率237.6%，而2010年这个数字只有177.8%，短短的6年增长33.6%。非金融企业杠杆率偏高，国有企业杠杆问题比较突出。此背景下，本轮债转股的目标并非缓解银行不良资产压力，而是降低企业杠杆率。

以市场化法治化为原则。充分发挥市场在资源配置中的决定性作用，建立债转股的对象企业市场化选择、价格市场化定价、资金市场化募集、股权市场化退出等长效机制，政府不强制企业、银行及其他机构参与债转股，不搞"拉郎配"。这意味着这轮债转股行为驱动力来自于市场，政府不再进行行政安排，让市场化力量主导实施债转股，让投资人鉴别有投资价值的实施对象，设定实施方案，避免没有市场竞争力的僵尸企业利用债转股逃避债务，浪费资源。政府也不会为企业的转股行为兜底，把债转股演变成为政府变相补贴。

以改革为突破口。在实施对象上，首先是所有制的突破，原有债转股标的主要集中在国有企业，这轮债转股对象可以是符合规定的民营企业和外资企业。其次是债权种类的突破，以银行对企业发放贷款形成的债权为主，允许扩展到其他类型银行债权和非银行金融机构债权。这轮债转股的实施对象更为多元化，将更多的标的纳入实施范围，体现监管方期待此次能通过债转股更全面地将企业杠杆水平实质性降低。

说到这里，蓦然听到有人在为我们歌唱。噢，好像在唱一首《不死鸟》的歌：任风吹过，翱翔的翅膀/雨水打湿肩膀/我也要去拥抱/胜利的光芒/如果前方有怪兽阻挡/我也不会投降/就算生命都耗光/不会让泪光/模糊最初的方向/有梦的地方才是我的去向……呵呵，真好听，那我们就到有梦的地方去寻找企业中的"不死鸟"吧。新一轮债转股中，各类企业都可以依法依规依政策来开展债转股，但并非所有企业实施了债转股后都是"不死鸟"，我们必须从政策上引导企业明确"四个禁止"和"三个鼓励"——

"四个禁止"是禁止僵尸企业债转股，禁止恶意逃废债的企业债转股，禁止债权债务关系不清晰的企业债转股，禁止有可能助长过剩产能扩张的企业债转股。"三个鼓励"是鼓励高负债的优质企业债转股，鼓励遇到暂时困难的潜力企业债转股，鼓励企业资源有优化利用价值的困境企业债转股。

"四个禁止"让我们懂得什么不能做，"三个鼓励"又让我们知道什么可以做，那么下一步企业债转股到底何去何从？习近平在《转变经济增长方式的辩证法》[1]一文中高瞻远瞩地说道："我们应有充分的思想准备，在制定有关政策、确定有关举措时把握好度，掌握好平衡点，既要防止经济出现大的波动，更要坚定不移地推进经济增长方式转变，真正在'腾笼换鸟'中实现'凤凰涅槃'。"这就要求我们直面问题、破解难题，着力在债转股增量、扩面、提质上下功夫，撸起袖子加油干——

建立债转股合理定价机制，完善国有企业、实施机构等尽职免责办法，创新债转股方式，扩大债转优先股试点，鼓励对高杠杆优质企业及业务板块优先实施债转股，促进更多项目签约落地。

完善政策，妥善解决金融资产投资公司等机构持有债转股股权风险权重较高、占用资本较多问题，多措并举支持其补充资本，允许通过具备条件的交易场所开展转股资产交易，发挥好金融资产投资公司等在债转股中的重要作用。

积极吸引社会力量参与市场化债转股，优化股权结构，依法平等保护社会资本权益。支持金融资产投资公司发起设立资管产品并允许保险资金、养老金等投资。探索公募资管产品依法合规参与债转股。鼓励外资入股实施机构。

故事讲到这里，我们几乎已经寻找到了企业中的那些"不死鸟"，它们就像古希腊神话中那一种叫"Phoenix"（菲尼克斯）的神鸟，如古希腊历史学家希罗多德所言："我并没有亲眼见过它，只是在绘画中见过，它的羽毛一部分是金黄色的，一部分是鲜红色的，外形像一只巨鹰，而且

---

[1] 习近平,《之江新语》,浙江人民出版社2007年版。

还拥有美丽的歌喉。"找到"不死鸟"后，我们还必须根据企业债的发展环境、发展阶段和发展条件的深刻变化，三箭齐发，让"不死鸟"实行"凤凰涅槃"——

第一箭令，提高签约到位率。注入了降准专项资金，再加上筹集社会资金，这有助于促使已签约的"债转股"意向性项目尽快落地。作为实施机构的金融资产管理公司，目前部分实施机构有资金但缺少经验和技术，部分实施机构虽经验丰富但资金匮乏，多方协同才能全力推进降准资金落地。

第二箭令，突出重点方向。加大优质企业"债转股"力度，使优质企业进一步整合资源，提高竞争力。同时，进一步加大力度支持民营企业债转股，还要支持民营企业参与国有企业的债转股。民营企业参与债转股有两个层面：一方面，民营企业本身债转股；另外一方面，民营企业参与国有企业的债转股。民营企业本身债转股，现在已经有24个企业债转股项目落地。民营企业参与国有企业债转股也有许多成功的案例，比如沙钢、德龙钢铁，他们分别控股了重整之后的东北特钢和渤海钢铁。下一步，我们将进一步加大力度支持民营企业债转股，也进一步加大力度支持民营企业参与国有企业的债转股。

第三支箭令，多举措紧密结合。要把"债转股"同"僵尸企业"出清、发展混合所有制紧密结合，使这些措施形成合力，巩固"三去一降一补"成果，实现"巩固、增强、提升、畅通"的目标。

同时，为了不断提升本轮"债转股"的质量，需要市场和企业双方作出努力。实施机构要改变传统的债权经营思维，树立股权投资理念，要勇于参与企业的公司治理；企业既要尊重投资机构的股东权利，又要改被动为主动调整，应借助"债转股"来增强自身的可持续竞争力，而非仅仅为了解决眼前的短期财务问题，更不能借此逃废债务。

　　只有我们寻找到这样的"不死鸟"，企业才会一箭冲向蓝天，在身后给我们留下她那动人美妙的音符：我是不死之鸟/只为荣耀，振翅翱翔/越挫就越坚强/越孤单越倔强//我是不死之鸟/不会退缩，只会绽放/冲向万丈光芒/只为烈火疯狂/我是不死之鸟/只为荣耀，振翅翱翔。

　　也许，这正是一只不死鸟，半部企业史。

不负如来不负卿
——第十三张面孔是金融初心

"走得再远，走到再辉煌的未来，也不能忘记走过的过去，不能忘记为什么出发。"这就是时下我们要寻找的金融初心。当下令我们最纠结的是，距离2020年全面建成小康社会的时间没几天了，金融如何与实体共舞，向着高质量发展并肩前行？简言之，只有不忘初心，我们才能找准金融业发展方向，才会坚定我们的追求，最终抵达我们的初衷。

"走得再远，走到再辉煌的未来，也不能忘记走过的过去，不能忘记为什么出发。"近日有幸来到党校，参加"不忘初心、牢记使命"主题教育专题读书班。班上，一位银行家给我们讲了一个"初心"的故事：

　　　　在一个寒风凛冽的傍晚，市民张阿姨急匆匆地来到银行营业部办理业务。"阿姨，这不是您本人的银行卡，而且您不知道交易密码，按照业务规定，我们不能帮您办理取款业务。"柜员小方向张阿姨解释。阿姨一听，着急得眼泪都快出来了："求求你帮我想想办法吧，这是我妹妹的银行卡，她早上突发脑溢血晕倒了，在医院等着抢救，我自己身上没钱了，急用钱帮她交手术费。"

　　　　这时，营业部负责人闻讯赶了过来，在了解了相关情况后，她当机立断，拉起阿姨的手就往外走："阿姨，时间不等人，走，我们马上跟您去医院跑一趟。"于是，营业部负责人带着相关人员赶赴医院重症监护室，上门核实后第一时间帮阿姨办理了业务。

　　　　钱到账了，而张阿姨妹妹的手术也取得了成功。

　　"通过主题教育，锤炼忠诚干净担当的政治品格，紧紧围绕中心工作，下大力气解决实际问题。"也许，初心在这里，留给我们一种积极进取的力量。

关于初心，时下令我们最纠结的是，完成到2020年全面建成小康社会的时间没几天了，金融如何与实体共舞，向着高质量发展并肩前行？

读书班要求"要持续在学懂弄通做实习近平新时代中国特色社会主义思想上下功夫，站稳人民立场、解决实际问题"。强调原原本本学原著，正如古人所说，读书百遍，其义自见。所以，在必读书《习近平新时代中国特色社会主义思想学习纲要》中，我蓦然醒悟：不忘初心、牢记使命，这是十九大报告中教给我们最澎湃的一句话；细细品之，何为初心？初心应是纵是雄关漫道也敢从头再越的胆识与坚毅，应是虽千万人俱往矣的气节与魄力，应是纵是万水千山也不忘来时路的始终如一。

因为当前我国经济运行面临的突出矛盾和问题，虽然有周期性、总量性因素，但根源是重大结构性失衡。概括起来，主要表现为"三大失衡"，即实际经济结构性供需失衡、金融和实体经济失衡、房地产和实体经济失衡。如果我们细心观察，"三大失衡"哪一项不与金融有关？

说得轻一点，我们金融工作存在着短板。说得重一点，我国经济运行面临的突出矛盾和问题，都与金融有着千丝万缕的关系。

为什么这么说？从目前我国金融业发展的突出问题，可见一斑。如，直接融资、小型金融机构、优质金融创新产品发展不充分，金融有效供给不足。又如，金融资源脱实向虚、部分企业高负债经营、个别金融机构内部管理不到位等导致金融风险积聚，防控金融风险的能力还不强。再如，在市场准入、机构设立、债券发行等方面的限制还比较多，金融制度还不够完善，金融业竞争环境有待优化。

产生问题的原因就是我们忘记了自己的初心。

每个人都拥有自己的初心，可在这个时代，很难做到人生若只如初见，初心常常被我们遗忘，我们已经走得太远，以至于忘记了为什么出发。因为忘记了初心，我们走得十分茫然，多了许多柴米油盐的奔波，少了许多仰望星空的浪漫；因为忘记了初心，我们已经不知道为什么来，要到哪里去。

2019年2月，习近平总书记在中央政治局第十三次集体学习时就金融业发展发表了重要讲话，深刻阐明金融与经济的关系，就深化金融供给侧结构性改革、深化金融改革开放、增强金融服务实体经济能力、防范化解金融风险等提出明确要求，为推动我国金融业高质量发展提供了根本遵循。

这就是要深化金融供给侧结构性改革这条主线，坚持服务实体经济、服务人民生活为本，扎实做好普惠金融、绿色金融、产业金融等工作，强化中小微企业金融服务，完善科技金融服务体系，着力增强金融服务实体经济能力。要把防范化解金融风险作为金融工作的根本性任务，坚持底线思维，增强忧患意识，管住人、看住钱、扎牢制度防火墙，实现金融业态监管全覆盖，坚决打赢防范化解金融风险攻坚战，坚决守住不发生系统性金融风险的底线。持续深化金融改革开放。要加强党对金融工作的全面领导，落实地方金融监管责任。

说到底，就是要不忘初心，方得始终。

所以，"不忘初心、牢记使命"主题教育一开始，就强调以高度的政治自觉和饱满的精神状态深入开展主题教育，力求学懂弄通做实，确保取得实效，营造出浓厚的学习氛围。而金融人的初心，就是要为中国人民谋幸福，为中华民族谋复兴，这是我们的使命与担当！

开展好主题教育，首先得在"学"上下功夫。要创新学习方式，全面系统学、深入思考学、联系实际学，确保学习有收获、思想受洗礼，找准精神坐标，凝聚前行动力。我特别感激自己能参加这次"不忘初心、牢记使命"主题教育读书班，可以让自己静下心来读原著，追根溯源，入脑入心，真正把学习贯彻习近平新时代中国特色社会主义思想往深里走、往实里走、往心里走。

在《习近平关于"不忘初心、牢记使命"重要论述选编》一书中，有一篇《增强忧患意识、防范风险挑战要一以贯之》的文章，我感觉就是为金融量身打造的。习近平在文章中指出："我在党的十九大报告开宗明义就强调不忘初心，牢记使命。这个话，党的十八大以来我反复在讲，目的就是提醒全党不要忘了中国共产党是什么、要干什么这个根本问题，不要在日益复杂的斗争中迷失了自我、迷失了方向。这里，我给大家念几段话。"

那好吧，下面就让我们跟着习近平总书记的思想，解读应如何顺应新时代经济高质量发展，着力解决金融业发展面临的突出问题，推动金融业的高质量发展——

"第一段是方志敏同志一九三五年在遗著中写下的话：'我们相信，中国一定有个可赞美的光明前途……'"，"方志敏这本书，我看了很多遍。每次都深受感动。这就是我们共产党人的信念和期待，我们一代一代共产党人都要为了祖国和人民、为了中华民族伟大复兴不断作出自己的努力"。习近平如是说。

这就要求我们切实加强党对金融工作的领导。党的领导是做好金融工作的坚强政治保证。金融工作者要增强"四个意识"、坚定"四个自信"、做到"两个维护"，始终在思想上、政治上、行动上同以习近平同志为核心的党中央保持高度一致，自觉把金融工作放在大局中思考、谋划和定位。要进一步完善党领导金融工作的方式方法，强化对关键岗位、重要人员特别是一把手的监督，确保金融系统更加有效地落实国家金融政策和重大决策部署。要加强金融人才队伍建设，培养、选拔、使用政治过硬、作风优良、业务精通的金融人才，着重培养金融高端人才，努力建设一支规模宏大、德才兼备的高素质金融人才队伍。

"第二段是毛泽东同志一九四〇年一月在陕甘宁边区文化协会第一次代表大会上讲的话:'我们共产党人,多年以来,不但为中国的政治革命和经济革命而奋斗……在这个新社会和新国家中,不但有新政治、新经济,而且有新文化'。"习近平如是说。

这就要求我们有序推进金融改革创新。要贯彻落实新发展理念,深化金融科技创新,推动绿色金融创新和城乡区域金融协调发展,扩大金融业双向开放,增强金融发展的普惠性,构建符合经济高质量发展要求的现代金融体系。要加大金融对重点领域的支持力度,强化金融服务实体经济的功能,推动我国产业发展迈向全球产业链、价值链中高端。要着力发展民生金融,建设广覆盖、可持续、互助共享、线上线下同步发展的普惠金融体系。大力发展国际金融,通过金融机构引进来和走出去等方式,服务好"一带一路"、自贸试验区、粤港澳大湾区建设,推动形成全面开放新格局。建立健全民间融资体系,促进民间金融规范、有序发展,构建竞争有序、风险可控的民间金融发展环境。

"第三段是毛泽东同志一九五六年八月在党的八大预备会议第一次会议上讲的话:'我们团结党内外、国内外一切可以团结的力量,目的是为了什么呢?是为了建设一个伟大的社会主义国家……','如果不是这样,那我们中华民族就对不起全世界各民族,我们对人类的贡献就不大'。"习近平如是说。

这就要求我们持续深化金融供给侧结构性改革。要加强货币政策与财政政策、产业政策的协调配合,继续深入推进利率市场化改革,进一步完善人民币汇率形成机制,为实体经济发展创造良好货币金融环境。要大力完善资本市场基础制度,建设一个规范、透明、开放、有活力、有韧性的资本市场。要优化大中小型机构布局,构建多层次、广覆盖、有差异的银行体系和信贷市场体系。要充分运用互联网、大数据等技术创新业务模式、服务方式和金融产品，降低交易成本，提高服务效率。要加强征信、支付结算服务等金融基础设施建设，促进投融资对接，提高资金交易的安全性和效率。要积极构建政策性融资担保和风险分担缓释体系，大力推广政策性保险和政银保合作模式。要落实好减税降费各项举措，缩减融资环节，减少融资费用，多措并举降低实体经济融资成本。

"第四段是邓小平同志说的话：'我们中国要用本世纪末期的二十年，再加上下个世纪的五十年，共七十年的时间，努力向世界证明社会主义优于资本主义……'"习近平如是说。

这就要求我们有效提升金融风险防控能力。要在完善金融机构体系、产品体系和优化金融服务的基础上，加强金融监管协调，有效监管跨行业、跨市场、跨部门的金融创新活动，严格规范金融市场交易行为，严厉打击金融犯罪，促进金融和实体经济形成良性循环。要密切关注上市公司股权质押、房地产等领域风险，提高风险防控工作的针对性和主动性，切实防范实体经济风险向金融领域传导。要围绕"管住人、看住钱、扎牢制度防火墙"的要求完善金融制度体系，管住金融机构、金融监管部门主要负责人和高中级管理人员，适时动态监管线上线下、国际国内的资金流向流量，做到治之于未乱、防患于未然。

此外，我们还要全面优化金融市场竞争环境。要从市场准入、监管政策、税收与补贴等方面入手，对竞争政策进行全面清理、修订、完善，促进资源公平配置，营造公平、公正、公开、透明的市场竞争环境。要坚持通过价格、供求、竞争等市场机制引导金融资源流向，更好发挥市场在金融资源配置中的决定性作用，提高金融资源配置效率。要坚定不移深化金融改革开放，在高水平双向开放中提高金融管理能力和风险。

当然，今天我们比历史上任何时期都更接近、更有信心和能力实现中华民族伟大复兴的目标。何其有幸！能够成长植根于这样一个和平而不断前行的国家，能够生于大发展大变革的伟大时代，能够亲手为百年巨木培土挥汗。这次"不忘初心、牢记使命"的主题教育，不仅仅是一次对于国家、对于民族十分重要的活动，更是我们融入时代发展大潮的一次重要机遇。

对我们来说，一片丹心，始终不悔。也就是说，在金融业顺利时，我们不要被胜利冲昏头脑，浮躁不理智地做决定；在逆境时，更不能随意放弃，自暴自弃，而忘了我们的初心，背弃我们当初的信念。

开展"不忘初心、牢记使命"主题教育，必须提升我们党员干部的理论水平，锤炼我们的党性修养，强化我们的责任担当。只有原原本本学、认真刻苦学，学深悟透、融会贯通，学以致用、学以促用，以习近平新时代中国特色社会主义思想为指导，不忘初心、牢记使命，锐意进取、埋头苦干，努力当好新时代全国改革开放排头兵、创新发展先行者，我们才能为夺取新时代中国特色社会主义伟大胜利、实现"两个一百年"奋斗目标作出新的贡献。

如何学习，我十分赞赏余华的读书方法，他说："最好的阅读是怀着空白之心去阅读，赤条条、来去无牵挂的那种阅读，什么都不要带上，这样的阅读会让自己变得越来越宽广，如果以先入为主的方式去阅读，就是挑食似的阅读，会让自己变得狭窄起来。"

伟大斗争的当前，我们要以一刻也等不得、一刻也慢不得、一刻也耽误不得的紧迫感、责任感，争当"奔跑者""追梦人"，在新时代书写新篇章。简言之，只有不忘初心，我们才能找准金融业发展的方向，才会坚定我们的追求，最终抵达我们的初衷。

筑牢信仰之基，补足精神之钙，把稳思想之舵，这不正是"不负如来不负卿"，而这正是我最为欣赏的一句诗话。

金改"送我上青云"

——第十四张面孔是供给侧结构改革

　　没有需求，供给就无从实现；新的需求，可以催生新的供给。没有供给，需求就无法满足；新的供给，可以创造新的需求。2019年以来，习近平至少三次在公开场合，为我们提出了"金融供给侧结构性改革"这一全新的命题。无疑，这进一步凸显了金融业的国家战略地位，也对今后一段时间内我国金融业的发展提出了明确要求。

面对百年未有之大变局，中国金融到底何去何从？

2019 年以来，习近平率先为我们提出了"金融供给侧结构性改革"这一全新的命题。

如果没有记错的话，习近平在 2019 年至少三次在公开场合提出这个问题：一次是 2 月，在中央政治局第十三次集体学习时强调，深化金融供给侧结构性改革，增强金融服务实体经济能力。一次是 4 月，在中央财经委员会第四次会议上要求，必须深化金融供给侧结构性改革，金融系统要拿出行动来。一次是 7 月，在主持召开的中共中央政治局会议上提出，推进金融供给侧结构性改革，引导金融机构增加对制造业、民营企业的中长期融资，把握好风险处置节奏和力度，压实金融机构、地方政府、金融监管部门责任。

在党的十九大报告中，把深化供给侧结构性改革作为贯彻新发展理念，建设现代化经济体系的重要举措。

供给和需求，是市场经济内在关系的两个基本方面，是对立又统一的辩证关系。没有需求，供给就无从实现；新的需求，可以催生新的供给。没有供给，需求就无法满足；新的供给，可以创造新的需求。供给侧管理和需求侧管理是调控宏观经济的两个基本手段。需求侧管理，重在解决总量性问题，注重短期调控。供给侧管理，重在解决结构性问题，注重激发经济增长动力。

所谓"供给侧结构性改革"，指的是什么？

斯文一点说，就是解放和发展社会生产力，用改革的办法推进结构调整，减少无效和低端供给，扩大有效和中高端供给，增强供给结构对需求变化的适应性和灵活性，提高全要素生产率。目的是实现由低水平供需平衡向高水平供需平衡的跃升。

从实体经济看，当前和今后一个时期，我国经济发展面临的问题，供给和需求两侧都有，但矛盾的主要方面在供给侧。比如，我国一些行业和产业产能严重过剩，同时大量关键装备、核心技术、高端产品还依赖进口，国内庞大市场的供给没有掌握在我们自己手中。我国不是需求不足或没有需求，而是需求变了，供给的产品却没有变，质量、服务跟不上。

现在的问题是，金融属于虚拟经济，这时很容易迷惑人，也容易欺骗人。

这话怎么讲？因为虚拟经济的存在，是以实体经济的存在为前提的。这就是说，在推动实体经济高质量发展之时，实现结构性优化具有极为重要的作用。就像习近平所强调的，经济是肌体，金融是血脉，两者共生共荣。[1]

在如此宏大背景下，金融供给侧结构性改革呼之欲出。

如今，时间已过了半年，我们的金融系统几乎没有什么声响。这下我急了，倒不是我吃着百姓的饭，操着中南海的心，毕竟金融涉及你我他，老百姓赚钱不容易，都是血汗钱；同时，我更怕金融拖中国经济高质量发展的后腿。

不是吗？

庆幸时下，举国上下正在开展"不忘初心、牢记使命"主题教育，要

---

[1] 2019年2月22日，习近平主持中共中央政治局第十三次集体学习上的讲话。

求我们"找差距、抓落实"。想必金融已经发现了"供给侧结构性"这条短腿。

那就得承认，问题是时代的声音。

如果人们稍微注意一下，就会发现，近些年来，银行贷款比重出现"两降三升"。即制造业和民营企业贷款比重大幅度下降，房地产相关行业和金融业、国有企业和个人住房贷款比重大幅度上升。

这个时候，你有什么样的金融供给侧，就有什么样的经济供给侧——

从金融供给侧看，我国的利率市场化改革尚未完成，货币市场利率已经完全市场化，但商业银行存贷款基准利率依旧存在，"利率双轨制"造成套利现象，金融系统套利如果泛滥，对实体经济是不利的；货币政策传导机制不畅通、不顺畅，造成中小企业和民营企业融资难、融资贵等问题，长期未得到解决，本质上，需要通过一系列的供给侧改革加以解决。如果不从体制机制上下功夫，客观上资金仍然流不到毛细血管，流不到小微企业，流不到农村；货币调控以数量调控为主，还是以价格调控为主，面对问题的时候，往往会用一刀切和数量型的方法来解决。

这个时候，你有什么样的金融结构变化，就有什么样的经济结构变化——

从金融结构看，中小企业融资难、融资贵的问题严重，这也是世界级难题；金融乱象严重，许多公司打着金融创新、科技创新的旗号，实际上做的是非法集资、非法融资、非法吸收存款、乱设机构、乱办金融业务等，与社会与企业都没有好处，因为成本很高、代价很高；还有就是当前老百姓的投资理财领域问题严重，不能乱投资，不能乱参加集资，更不能借钱去投资，因为这种做法风险太大，教训极为深刻。

这个时候，你有什么样的金融供给侧结构性问题，就有什么样的经济供给侧结构性问题——

从金融供给侧结构性看，金融产品同实体经济商品一样，都有生产、流通、消费等环节。金融产品的生产方面，生产主体单一，互补性不强，比如急需构建多层次、广覆盖、有差异的银行体系，增加中小金融机构数量和业务比重；金融产品无法很好满足个性化、差异化、定制化需求。金融产品的流通方面，流通市场深度、广度不够，比如要持续推进规范、透明、开放、有活力、有韧性的资本市场建设，加快构建多层次资本市场。在金融产品的消费环节，生产者和消费者信息严重不对称，消费者信息获取渠道单一、缺乏透明度，公共监管匮乏，比如需要进一步完善资本市场基础性制度，把好市场入口和市场出口两道关，加强对交易的全程监管，特别是要解决资本市场违法违规成本过低问题。

或许，每个时代总有属于它自己的问题，只有科学地认识，才能准确地把握、正确地解决这些问题。这就要求金融理直气壮提高站位，保持战略定力，提高对金融供给侧结构性改革意义的认识，不等，不靠，更不能拖。

实体经济的发展方向，决定着金融改革的方向，当前随着经济领域改革转向"供给侧结构性改革"，必然要求金融创造与之相匹配的条件。与习近平新时代中国特色社会主义经济思想相呼应，金融供给侧结构性改革是其在金融领域的根本要求，它是金融发展一般规律与中国金融改革实践探索相结合的科学部署，是解决当前中国金融领域突出问题的战略指引。

在这里，金融供给侧结构性改革，既包含指导思想和方法论，又有发展目标、改革重点、实施策略等。在方法论上，强调要加强对金融工作本质和规律的认识；在发展目标上，强调要与中国国情相适应、走中国特色金融发展之路；在改革重点上，强调要以金融供给侧的优化为突破口，进一步优化金融市场、组织、产品结构等，为实体经济发展提供更高质量、更有效率的金融服务等。

聚焦金融供给侧结构性改革的核心，就是改革，就是要通过金融制度的良性变迁，实现金融服务实体经济效率的提升。这里包括完善金融宏观调控手段，强化逆周期和宏观审慎管理手段的运用；强化市场在利率、汇率形成机制中的作用，提高金融资源配置效率；补齐金融短板，修补市场失灵；推进金融市场法治化建设，完善社会信用体系；参与全球金融治理，构建与中国经济地位相适应的治理能力；应对科技变革，构建与"互联网+"相适应的科技金融体系和监管体系等。

可见，金融供给侧结构性问题的提出，绝不是无源之水、无本之木，本身有着其深刻的根源和基础。正如习近平所强调的，"金融要为实体经济服务，满足经济社会发展和人民群众需要。金融活，经济活；金融稳，经济稳。经济兴，金融兴；经济强，金融强"。①加快推进金融供给侧结构性改革，要紧紧围绕经济高质量发展的需求，为建设现代化经济的产业体系、市场体系、区域发展体系、绿色发展体系等提供精准金融服务，构建风险投资、银行信贷、债券市场、股票市场等全方位、多层次金融支持服务体系。

怅寥廓，问苍茫大地，谁主沉浮？现在金融业到了沉浮一念间的时候了，金融供给侧结构性改革这个命题的提出，进一步凸显了金融业的国家战略地位，同时也对今后一段时间内我国金融业的发展提出了明确要求。

政贵有恒，治须有常。 当前乃至未来一段时期，要进一步深化对国际国内金融形势的认识，正确把握金融本质，深化金融供给侧结构性改革，平衡好稳增长和防风险的关系，精准有效处置重点领域风险，深化金融改革开放，增强金融服务实体经济能力，坚决打好防范化解包括金融风险在

①2019年2月22日，习近平在中共中央政治局第十三次集体学习时的讲话。

内的重大风险攻坚战，推动我国金融业健康发展。具体要从六个方面精准发力：

以"望尽天涯路"般的期盼，发力金融服务实体经济。服务实体经济是金融的天职，习近平强调："深化金融供给侧结构性改革必须贯彻落实新发展理念，强化金融服务功能，找准金融服务重点，以服务实体经济、服务人民生活为本。"①要把服务实体经济作为完善金融服务、防范金融风险的出发点和落脚点，着力解决资金"脱实向虚"或在金融体系内空转、小微企业和民营企业融资难融资贵等突出问题，把更多金融资源配置到经济社会发展的重点领域和薄弱环节，更好满足实体经济多样化金融需求。

以耐得住"昨夜西风凋碧树"的心志，发力金融体系结构优化。在结构性方面要处理好三大关系：在市场结构上，要大力发展直接融资特别是股权融资，保持我国经济整体竞争力；要减税减费，同时也必须降低实体经济融资成本；要加快建设规范、透明、开放、有活力、有韧性的资本市场，提高直接融资比重。在银行结构上，要构建多层次、广覆盖、有差异的银行体系，我国小微民营企业占比高，科创型企业成长快，如何从制度上搭建平等的服务三大市场主体的银行体系，是下一步需要深入思考并深化改革的重大课题；要增强中小金融机构的数量和业务比重，增加民营银行和社区银行，推动城商行、农商行、农信社业务逐步回归本源；要扩大银行业对外开放，推动国有银行混合所有制改革。在产品结构上，积极开发个性化、差异化、定制化的金融产品。要减少抵押贷款比重，扩大抵押物范围，按照企业不同产品的周期确定贷款期限，完善银行内的尽职免责制度，激励项目机制，开发实体企业和银行共担风险的金融产品，开发适合民营小微企业的产品。

---

① 2019年2月22日，习近平在中共中央政治局第十三次集体学习时的讲话。

以顶得住"独上高楼"的寂寞，发力金融风险防范。既保持经济稳定增长，又有效防范化解金融风险，这是深化金融供给侧结构性改革的重要目标。一方面，保持宏观经济总需求稳定。发挥好宏观经济政策的逆周期调节作用，继续实施积极的财政政策和稳健的货币政策。财政政策要加力提效，货币政策要松紧适度，保持流动性合理充裕，改善货币政策传导机制，为深化金融供给侧结构性改革营造稳定的宏观经济环境。另一方面，防止发生系统性金融风险。加快金融市场基础设施建设，稳步推进金融业关键信息基础设施国产化。做好金融业综合统计，健全及时反映风险波动的信息系统，完善信息发布管理规则，健全信用惩戒机制。管住金融机构、金融监管部门主要负责人和高中级管理人员，加强金融业反腐败力度。完善金融制度体系，规范金融运行。

以"衣带渐宽"般的苦功，发力金融制度良性变迁。金融制度是经济社会发展中重要的基础性制度。要坚持党的全面领导，以满足市场需求为基础，以提升金融服务效率为目标，完善金融制度良性变迁机制，积极夯实资本市场基础性制度建设，切实扎牢制度防火墙，规范金融运行。

以"众里寻他千百度"般的细功，发力金融双向开放。作为实施新一轮高水平开放的重要抓手，扩大金融双向开放，提高中国金融机构国际化竞争力，有利于运用好国际、国内两个市场、两种资源，更好地服务于对外开放新格局的构建。一是深化资本市场的开放广度与深度。在"沪港通""深港通"和"债券通"的基础上，持续推动资本市场的双向开放程度，逐步放开或取消境内外投资额度限制，拓展境外机构参与资本市场的主体范围和规模。除股票、债券市场以外，外汇与银行间市场也需进一步开放，稳步开拓利率、汇率衍生产品，提高运用更多风险对冲工具的能力。二是持续推进人民币资本项目的审慎开放。坚持循序渐进的原则，立足基本国情、借鉴国际经验，在风险可控前提下，分阶段、有步骤地培育资本市场工具、扩大外国金融机构的参与面、放松资本账户交易管制。三是提高金融机构的国际竞争力。中国金融机构的全球化布局、全球化服务能力与综合竞争力应与企业"走出去"步伐相适应。四是积极参与全球经济金融治理，加强宏观经济政策国际协调，建立国家金融安全审查机制，健全金融安全网，持续提升人民币在对外开放中的作用和国际地位，提升在国际金融市场及事务方面的声音和发言权等。

以"却在灯火阑珊处"般的领悟，发力金融科技建设。要主动适应"互联网+"、大数据、人工智能等信息技术为金融业带来的深刻变革。一方面，积极提升金融科技水平，进一步提升服务实体经济效率，有效降低实体经济金融服务成本；另一方面，以积极发展金融科技为契机，驱动金融产品、服务渠道、盈利模式等创新，持续培育金融新业态，增强金融综合实力。

大道至简，实干为要。

还是请金融业主动作为吧，以习近平新时代中国特色社会主义思想为指引，深化金融供给侧结构性改革，着眼现代金融体系效率性、稳定性、普惠性、开放性四大核心要素，不断增强金融服务实体经济的能力，走出一条有中国特色的金融发展之路。

那好吧，相信金融供给侧结构性改革，一定会是"好风凭借力，送我上青云"。

债是责，矫命以责赐诸民
——第十五张面孔是政府债

　　说到政府债，经常听到美国人在叫"美国政府快没钱了，比想象的还快"。许多老百姓一直不明白，是什么原因诱导了政府发债的胃口？或者说，地方政府债务是怎么形成的？实际上，地方债的出现，比我们想象的要复杂得多。但在加大逆周期调节、增加有效投资方面，发挥地方政府专项债的作用被人们寄予厚望。

说到政府债，曾有一条霸屏的头条新闻是，美国财长姆努钦发出警告："美国政府快没钱了，比想象的还快。"称美国政府正面临着现金短缺的风险，并且比预期来得要早。

2019年7月12日，这样一则消息登上了美国有线电视新闻网（简称CNN）的头条。CNN报道称，姆努钦在一封写给民主党众议院议长南希·佩洛西的信中写道，美国可能最早将在9月初就要开始拖欠债务。姆努钦在信中称："根据最新的预测，情况是，我们将在9月初，即国会的夏季休会结束前就要用完现金了。"

据报道，自从2019年3月国会规定的借款限制重新生效以来，联邦政府就一直没能借到钱。报道还称，美国财政部曾表示拥有足够的现金以维持到秋季，但部分由于特朗普总统2017年的减税政策，财政部目前正面临着不断扩大的赤字。

CNN称，佩洛西和姆努钦在周内已经发表三次讲话，试图启动陷入僵局的预算与债务上限谈判。多名消息人士则称，最新的"欠债"预测可能将加速启动谈判的开展。CNN表示，当地时间12日，姆努钦和佩洛西可能将再次发言。佩洛西告诉CNN，称她还没有读姆努钦写给国会山的信，但她早已知道这将会到来。

"政府快没钱了"的消息很快也在社交媒体上传开，美国网友们开始了一波"该怪谁"的讨论。NBC新闻网主播斯卡伯勒就"带起一波节奏"，将问题甩给"减税""打破五角大楼预算"和"福利项目"等等。

美国人的争吵，说到最后无非就是，政府举债到底干什么？我觉得这还不是政府债的关键。最要命的是，美国另一场大危机已经逼近，那就是美国的国家债务水平已经突破了22万亿美元，这才是真正的超级大风暴。

当然美国一直是全球债务最高的大国，对他们来说，似乎有点债多不愁、虱多不痒。

这让我想起中国有句古话，说得特别精准，叫"矫命，以责赐诸民"。这句话出自《战国策·冯谖客孟尝君》，这里还有一个动人的故事：

> （冯谖）长驱到齐，晨而求见。孟尝君怪其疾也，衣冠而见之，曰："责毕收乎？来何疾也！"曰："收毕矣。""以何市而反？"冯谖曰："君之'视吾家所寡有者'。臣窃计，君宫中积珍宝，狗马实外厩，美人充下陈。君家所寡有者，以义耳！窃以为君市义。"孟尝君曰："市义奈何？"曰："今君有区区之薛，不拊爱子其民，因而贾利之。臣窃矫君命，以责赐诸民，因烧其券，民称万岁。乃臣所以为君市义也。"孟尝君不悦，曰："诺，先生休矣！"

呵呵，上面一段话用现代话表达，就是本来孟尝君让冯谖去收债，而冯谖反以债赐诸民。这是多少出人意料、引人入胜的故事。

听了这样的故事，人们或许已经发现，中国自古以来，对债以仁慈与善意为基调。

毕竟地方政府债务，是地方政府根据信用原则，以承担还本付息责任为前提的。作为地方政府筹措资金的一种形式，发行地方政府债券，无疑解决了地方政府财政吃紧的问题，对于发展民生、拉动经济增长等具有重大推动作用。在这一点上，近些年来，中国对地方债十分强调"取之于民、用之于民"。

"千磨万击还坚劲，任尔东西南北中。"2019年，我国地方债新增额度总计3.08万亿元，一般债券9300亿元、专项债2.15万亿元。2018年12月，十三届全国人大常委会第七次会议决定，授权国务院提前下达2019年地方政府新增一般债务限额5800亿元、新增专项债务限额8100亿元，合计1.39万亿元。2019年1月9日，国务院常务会议立马要求，对已经全国人大授权提前下达的1.39万亿元新增地方债要尽快启动发行。

紧接着，在专项例会上，国家有关部门表示要提高2019年地方政府专项债券使用的精准度。指导和督促地方将专项债券资金重点用于急需资金支持的方面，优先用于解决在建项目、政府项目拖欠工程款问题等。在具备施工条件的地方抓紧开工一批交通、水利、生态环保等重大项目。

大家看到了吗？政府在这里有钱不任性，要把每一分钱，都真正用在刀刃上，花在老百姓身上，而且还要公开透明，便于老百姓监督。

这不，2019年时间过半，地方债已经进入下半场，它还是那颗初心吗？

带着这一问题，我查阅了央行日前公布的6月及上半年金融数据，可见一斑：上半年人民币贷款增加9.67万亿元，同比多增6440亿元。社会融资规模增量累计为13.23万亿元，比上年同期多3.18万亿元。从结构上深究发现，上半年地方债集中发行，一定程度上支撑了社融增速。2019年上半年对实体经济发放的人民币贷款占同期社会融资规模的75.8%，同比低11.4个百分点；企业债券占比11%，同比高0.8个百分点；地方政府专项债券占比9%，同比高5.4个百分点。

可以肯定地说，新增贷款及社融结构分布，这些数据指标都符合市场预期，同时，这些数据又都是实体经济融资需求的风向标。

或许，这还不足以说明问题，笔者又找到财政财部预算司的负责人。

因为地方债是当前社会比较关注的一个问题，对新增债券发行使用的情况，无疑人们更想了解。

2019年上半年，全国地方累计发行新增债券21765亿元，占2019年新增地方政府债务限额30800亿元的70.7%；其中6月当月发行规模7170亿元，约占上半年累计发行规模的三分之一，创年内单月发行规模新高。

与去年同期相比，2019年上半年新增债券发行有三个主要特点：一是发行进度大幅提升。2018年已提前下达了部分2019年新增债券额度，2019年上半年新增债券发行进度较去年同期的15.5%提升55.2个百分点。二是债券期限明显延长。2019年上半年新增债券平均期限达8.76年，较去年同期平均期限6.33年增加2.43年，其中6月当月新增债券平均期限约10.4年。这主要是2019年各地贯彻落实党中央、国务院要求，债券期限设置尽量与项目期限保持一致。三是利率成本有所下降。上半年新增债券平均发行利率3.44%，较去年同期平均利率4%降低56个基点，其中6月当月平均发行利率3.52%。

从地方债使用情况方面看，从项目性质看，超5成用于在建项目建设。2019年上半年新增债券资金约56%用于在建项目建设，有效解决了工程烂尾及拖欠工程款等问题。

从资金支持领域看，稳投资支出超过60%。2019年上半年新增债券资金用于棚改等保障性住房建设，铁路、公路等交通基础设施建设，城镇基础设施建设，乡村振兴等农业农村建设，教科文卫等社会民生领域，重大水利设施建设等六项领域的资金占比为64.8%，这些基础设施投资规模的持续增加，将带动有效投资扩大，并发挥对民间投资的撬动作用。

从资金支持重点看，着力支持重大区域发展战略和三大攻坚战。2019年上半年，京津冀三地共发行新增债券2716亿元，上海、江苏、浙江、安徽长三角4省发行新增债券4267亿元，广东专门发行501亿元粤港澳大湾区专项债券，海南发行新增债券258亿元，为相关区域重大项目建设提供了有力资金支持。此外，新增债券资金用于易地扶贫搬迁、"三区三州"等脱贫攻坚领域的资金为2245亿元、占比10.3%，用于污染防治等生态环保领域的资金为581亿元、占比2.7%。

下一步，国家有关部门将继续指导和督促相关地区加快新增债券资金使用进度，尽早形成实物工作量，依法合规发挥债券资金积极作用，促进经济稳定增长和高质量发展。

这么一看，先前对地方债的忧虑，是不是顿时烟消云散？但心里总还是不踏实，害怕美国政府债的问题，会在中国重演。因为我与许多百姓一样一直不明白，是什么原因诱导了政府发债的胃口？或者说，地方政府债务是怎么形成的？

后来发觉主要来自三个方面：一个方面，国有土地产权不明晰和土地收益分配体系不合理的双重制度性缺陷，是地方政府有底气凭借土地财政主动举债的首要因素。因为我国土地管理法规定"国家所有土地的所有权由国务院代表国家行使"，明确了国有土地所有权只能由中央政府即国务院代表国家行使，地方各级人民政府不是国有土地所有权代表，无权擅自处置国有土地，只能依法根据国务院的授权处置国有土地。

事实上，中央代表的规定仅仅停留在产权宣示阶段，国有土地地方化似乎成为常规，地方政府在没有明确的法律授权情况下一直代理行使着土地所有权，而中央政府在土地所有权上的地位被相对弱化。与此对应，土地收益分配体系也就呈不合理状态，土地收益分配主体严重错位，与土地相关的大量事权与财权被瓜分，地方政府享有大量土地所有权收益。

产权制度的模糊，势必使地方政府从实现自身利益最大化出发用够用足土地政策。金融机构也正是看中了地方政府背后的国有土地收入才争相为政府融资平台公司慷慨解囊的。

第二方面，地方政府财权与事权不匹配、建设项目配套与可支配财力不合拍的双重矛盾，是地方政府被动举债的根源因素。一边是地方政府的收入能力与日益增加的支出责任相比表现出极大的不适应，一边是中央政府投资项目却大多需要财力本就拮据的地方政府在资金上予以配套，双重压力下便触发了地方政府的被动举债行为。

第三方面，城市化发展的地方政府主导模式与地方政府投融资体制局限性的双重背景，是地方政府变相举债的深层次因素。地方政府过多的职能需要相应的资金来支撑，而大量的建设资金需求完全依靠地方财力是不现实的，因而多渠道融资举债势必成为"全能政府"的重要举措。在政府性债务与政府业绩评价以及领导者的升迁联系不紧密，且政府性债务期限远远超过当届领导班子任期的情况下，地方政府较多关注城市发展而轻视政府性债务的规模与风险防范，往往具有很强的投融资冲动。

但是，在现有的法制环境及投融资体制下，地方政府缺乏必要的直接融资渠道(如地方政府不允许发行公债)，而外部的融资环境却相对宽松，政府只得通过变相融资模式进行举债。这样，利用专设的地方融资平台公司、土地财政和打捆贷款的融资模式成为首选。

可见，地方债的出现，比我们的想象要复杂得多。展望2019年下半年，在加大逆周期调节、增加有效投资方面，更好地发挥专项债的作用被人们寄予厚望。

可谓心有灵犀一点通吧，不久前，中共中央办公厅、国务院办公厅印发《关于做好地方政府专项债券发行及项目配套融资工作的通知》，允许将专项债券作为符合条件的重大项目资本金来完善专项债券项目融资工作，业内预计其对基建的撬动作用将进一步提升。

根据中诚信国际测算，通知落地后，年内剩余的1.3万亿元新增专项债中，将有约900亿元的专项债用于补充项目资本金，拉动基建投资规模1800亿至2520亿元，拉动基建投资1.0至1.4个百分点，以及GDP增速0.2个百分点左右，充分发挥地方债对积极财政政策的加力提效作用，全年基建投资或仍有望回升，但总体回升幅度有限。

值得关注的是，国家有关部门日前印发《土地储备项目预算管理办法》，在北京、天津、河北、河南、山东（含青岛）、浙江（含宁波）、厦门7省市首批试点，在土地储备领域按项目实行全生命周期预算管理，并要求"各省分配专项债务限额时，可以对开展试点的市县予以适当倾斜"，该办法还规定"棚户区改造项目可以根据主管部门有关规定，参照本办法执行"。

"下半年专项债新规可能发力的领域不少，具体而言，有利于推动基建、进而推动投资稳定的项目的可能性相对较高。"根据上述两部委管理办法的内容，综合来看，专项债新规有望在土储和棚改领域发力。

应该承认，我国政府债的发展正处于起步阶段，尚未建立起一套政府债发行的常态化机制。随着我国城镇化不断推进，对市政基础设施、教育和公共卫生服务等公共产品的需求显著增加，地方政府资金缺口将不断扩大。我国地方政府债务管理不断规范，加之城镇化进程导致地方政府资金需求显著增加，专项债券有望成为未来地方政府负债管理的重要工具。

"明者防祸于未萌，智者图患于将来。"前面说到，美国是世界上政府债规模最大的国家，是州和地方政府最重要的融资工具，占州和地方政府负债的比重在50%以上。美国政府债的特点主要是：美国绝大部分市政债券享有免税待遇；美国市政债券投资者以个人为主；债券保险是最主要的外部增信手段；成立市政债券银行降低中小发债主体融资成本；市政债券的收益率和安全性均高于企业债券。所以，在政府债工作中，我们要主动吸取美国的经验和教训——

建立合理完善的中央地方分税制度。发展政府债券市场有必要理顺中央和地方政府的财政关系。以事权和财权相匹配为原则，调整中央和地方税种及分配比例，使主要税种在各级政府之间形成合理配置，充实地方政府的财政实力，提高地方政府的债务融资能力，提高"让地方政府自负其责"的可信度。

加强地方财政约束。债券融资对发债主体的信息披露和财政纪律要求较高，建议提高中央和地方预算的独立性，加强地方政府预算约束，增强地方财政透明度。

出台合理的税收优惠政策。免税是美国市政债券的最大特点。当前，我国已经出台规定，"对企业和个人取得的2012年及以后年度发行的地方政府债券利息收入，免征企业所得税和个人所得税"。可否进一步考虑出台更具差异化的税收优惠政策，鼓励社保基金、住房公积金、保险机构和企业年金等非银行机构投资者和居民积极投资地方政府债券，扩大投资者范围。此外，还需建立完善的市政债券监管体系，加强债券市场基础设施建设。

不过，"来而不可失者，时也；蹈而不可失者，机也"。为了更好地发挥地方政府专项债券的重要作用，我们还是要结合中国实际，着力加大对重点领域和薄弱环节的支持力度，增加有效投资、优化经济结构、稳定总需求，保持经济持续健康发展。具体地说，下一步必须做到"五个坚持"：

"安而不忘危"，坚持疏堵结合。坚持用改革的办法解决发展中的矛盾和问题，把"开大前门"和"严堵后门"协调起来，在严控地方政府隐性债务、坚决遏制隐性债务增量、坚决不走无序举债搞建设之路的同时，加大逆周期调节力度，厘清政府和市场边界，鼓励依法依规市场化融资，增加有效投资，促进宏观经济良性循环，提升经济社会发展质量和可持续性。

*"存而不忘亡"，坚持协同配合。*科学实施政策"组合拳"，加强财政、货币、投资等政策协同配合。积极的财政政策要加力提效，充分发挥专项债券作用，支持有一定收益但难以商业化合规融资的重大公益性项目。稳健的货币政策要松紧适度，配合做好专项债券发行及项目配套融资，引导金融机构加强金融服务，按商业化原则依法合规保障重大公益性项目合理融资需求。

*"抓而不忘重"，坚持突出重点。*切实选准、选好专项债券项目，集中资金支持重大在建工程建设和补短板，并带动扩大消费，优先解决必要在建项目后续融资，尽快形成实物工作量，防止形成"半拉子"工程。

*"治而不忘乱"，坚持防控风险。*始终从长期大势认识当前形势，坚持推动高质量发展，坚持举债要同偿债能力相匹配。专项债券必须用于有一定收益的重大项目，融资规模要保持与项目收益相平衡。地方政府加强专项债券风险防控和项目管理，金融机构按商业化原则独立审批、审慎决策，坚决防控风险。

*"做而不忘初"，坚持稳定预期。*既要强化宏观政策逆周期调节，主动预调、微调，也要坚持稳中求进工作总基调，精准把握宏观调控的度，稳定和提振市场预期。必须坚持结构性去杠杆的改革方向，坚决不搞"大水漫灌"。对举借隐性债务上新项目、铺新摊子的要坚决问责、终身问责、倒查责任。

*"不忘本来才能开辟未来，善于继承才能更好创新。"*我们无论走到哪里，千万不要忘记，债比责多了一个人字，这就非常明确地告诉你，债是特指发生在人身上的责。这就是我们的使命与担当。

股市为何比小说还精彩

——第十六张面孔是股市

　　时隔十年，美联储重启降息惊动了整个国际市场，全球股市纷纷下跌。这一切都让我想起自己的小说《资本1Q84》。小说中，王大仙麾下的王大仙股票，在2015年股灾期间，又遭美国沽空报告的打击。王大仙资金链断裂，身陷困境，便邀请"我"担任CEO帮他化解危机。"我"预感自己也许将会成为这个企业寿命最短的CEO，但"我"更感到中国企业如果不从根本上解决资本运作问题，"我"就绝不会是最后一个寿命最短的CEO……

时隔十年，美联储重启降息惊动了整个国际市场。

北京时间2019年8月1日凌晨2时，美联储决定下调联邦基金目标利率25个基点至2.00%—2.25%，并立即结束缩表计划。会后美元指数震荡后走高触及98.6，为近两年的新高，十年期美债收益率大幅走低至2.01%。

降息消息宣布后，全球股市纷纷下跌。欧美市场，道指下跌1.23%；标普500指数跌1.09%，创下5月31日以来单日最大跌幅纪录；纳斯达克综合指数下跌1.19%。

亚太市场，沪指下跌0.81%，深成指下跌0.63%，恒生指数下跌0.76%，台湾加权指数下跌0.85%；日经225微涨0.09%。

值得注意的是，美联储主席鲍威尔并未对美国未来的降息情况进行明确表述，此次降息对于美国经济发展究竟有何长远影响？央行是否会跟随美联储脚步降息？美股、A股接下来会走向何方？

近期美元走弱的态势有所改变，主要的原因应该是美联储降息的预期已经被市场提前预期到、降息后劲不足等因素。美元汇率对全球货币的走势都会形成明显的影响。人民币对美元的汇率应该会保持稳定，不会出现贬值，这对于中国的资本市场的走势也会形成明显的支持。美联储的降息兑现，中国央行货币宽松的空间就会打开。2019年下半年为了支持经济的增长，央行的货币政策可能会保持流动性合理充裕，采取包括降准或者是降息，以及公开市场操作等手段来保持流动性充裕，从而能够支撑股市、债市的回暖。

美联储降息搅动全球股市，让我想起自己的小说《资本1Q84》。小说中，王大仙麾下的王大仙股票，在2015年股灾期间，又遭美国沽空报告的打击。王大仙资金链断裂，身陷困境，便邀请"我"担任CEO帮他化解危机。

那是对沽空报告事件进行追责的第二天，我早早来到办公室，因为预感自己也许将会成为这个企业寿命最短的CEO，但我更感到中国企业如果不从根本上解决资本运作问题，我就绝不会是最后一个寿命最短的CEO……

时至上午9点半，股市一开盘，秘书温小仙慌慌张张推开我的办公室门：

"报告！今天企业股票再次进入下跌通道。"

我没有吱声，温小仙还是着急地说了出来：

"又是一个跌停板！"

我嘴里不说心里明了，一定是我的这次冒失引发的企业灾难，我马上吩咐温小仙：

"网上检索一下，是什么原因导致的跌停？"

很快，温小仙又送来一个数据报告：

当日网络对本企业负面消息仅一条，主要是美女老师利用沽空报告进行追剿，再放厥词。这可能是造成今天企业股票走势悬崖式下跌的主要原因。

我觉得文字这么表达欠妥。立即把"造成今天企业股票走势悬崖式下跌主要原因"改为"主要还是中国股灾大势引发的市场面恶化"。

改好后，我叮嘱温小仙：

"拿这个向王大仙主席报告，并转告他，保证在近几日内，确保企业股价止跌回升。"

可能是我随口一句"股价止跌回升"的大话，激发了温小仙的信心，使得她有了久违的一个笑脸：

她用手在嘴上做了一个飞吻的动作后，像一个出征的老兵一样斩钉截铁地吼了一声：

"是！"

我见温小仙像仙女下凡，一个转身随风飘去，我马上冲着她又喊道：

"我的话还没说完。昨天在香格里拉酒店的事，都是我的错，弄得我们就像情人关系，这事不要再对其他人说了。"

我一声叹息，又补充了一句：

"记住呵，家丑不可外扬！"

"好！请CEO放心！"

我一看温小仙，是一个机灵的人。又装出一个批评的斗士架势：

"温秘书呀，你今后别叫我CEO，我讨厌这个名字。改革开放初期，当厂长经理要全国统考，合格者才有资格当厂长经理。哪像现在谁都是CEO，这样做人掉价。"

"哦，那我叫你哥吧！"

我一听，"这个好，我正好缺少一个林妹妹！"

"呵，哈——哈——"

这天，仿佛是我有生以来，确切地说是这次"下海"以来，最开心的一天。

当日股票收盘打烊之时，一位看着我出任 CEO 的好友作家，化名"白交易"，为我送来一首打油诗：

> 锄禾日当午，搞 A 好辛苦。
>
> 对着 K 线图，一哭一上午。
>
> 哭了一上午，还要哭下午。
>
> 仓位补不补，心里很痛苦。
>
> 补了也白补，不补更痛苦。
>
> 为何这么苦，欲问 CEO。

谁都知道，这几年中国股市走得跌跌撞撞，这种大势你要我这个王大仙的股票一枝独秀，肯定是不可能的。

有趣的是，白交易先生在诗的后面，还给我附了《一个作家对股民的家常话》的文章。

要命的是白交易当晚还带了一大帮人，说都是我的作品的铁杆粉丝。不一般的是，他们都是有中国作协会员头衔的作家，一来为我这个作家新官上任庆贺一番，二来顺便到企业采风，帮我洗洗脑。

对此，我既纠结又很纳闷，作家与股民之间有什么关系？

本来就风马牛不相及的两个群体。据我所知，中国作家里炒股的似乎不多，能赚钱的更少。

远在民国时期，温州籍作家郑振铎就深有体会。他初入股市时，天天奔波于银行与交易所之间，原本消瘦的作家更加憔悴了。

他曾向朋友"吐槽"说："我每天都去市场，看到股票价格上上下下，心里的变化如天气一般忐忑不安。我这一生还从来没有那么在意过一件事情，为此甚至茶饭不思。"

当郑振铎决定到此为止，把最后一只叫"新光"的股票从手上割掉时，他净亏超过了 16 万元。当晚，从残酷的股市中折戟而归的一代文学家，在日记里写下了这么一句话："书可荡涤尘心，更有助于修养。"

也许，这就是他用惨重的代价，给我们股民换来的领悟吧。

时过境迁，没想到今天作家的身份，仿佛似股民眼中的潜力股，直线飙升。尤其是最近大盘忽升忽下，这段时间作家格外吃香，开口就有人高喊：亲爱的作家！

网上有本小说《超级散户》，原本只推理念、少评大盘，然而，这一轮股市暴跌到来时，作家终于按捺不住——紧急写了"五千点放天量站不住，大家要提防调整"的单章发在书里。

同一天，《至尊散户》一书的作者"骑牛"，便以"逃顶！逃顶！必须逃顶！清仓"为题，称上午已经和至尊散户盟主群、舵主群、书友群三大群友全部达成逃顶共识，并奉劝股民果断清仓，等大盘调整结束后再去抄底。

他还推荐大家去看电影《勇敢的心》，去看男主怎么面对强大的敌人，最终改变了自己和世界。

记得结局的那句台词——"给我一点力量"，作家还煽情地提到，女儿在他脸上亲了一口，轻声说道：

"老爸，加油！"

而作家李大先在《股仙》最新一章中，干脆直接来了篇股评《国家队找到了市场钥匙》，他写道：

"如果，如果，如果今天最火的短小说是：周五割肉打新，周一被退款，高开追涨停。如果小小说在现实世界中上演，会是什么情况？这其实就是散户在中国股市中的悲哀。纠其一念，不外乎贪婪、恐惧！"

最近股市暴跌后，群里有不少人夸李大先作家先知先觉。有人说"一开始完全按李大先的提示来做的人，现在完全不会被套"。

在李大先眼中，无论哪个阶层、哪种职业，中国股民最大的共同点就是"追涨杀跌"。追涨时永远贪婪，杀跌时特别恐惧：

"特别是人的贪婪，它让股市中正直、善良和欲望的边界变得模糊不清。而我要做的，就是让他们在贪婪时知道什么叫恐惧、什么叫怕；在恐惧时，知道可以贪一点儿。"

……

出人意料的是，今夜这几个研究股市的作家，齐刷刷都来到了我的企业，让我惊喜，让我疯狂。

说句心里话，现在企业家与作家之间，我还是喜欢人家叫我作家。因为在这个浮躁世道里，伪企业太多，而伪作家一定很少。

当然，不论他们怎么喊，如今有人看得起你，就是对你的恩赐。

2012年底，我用经济散文笔法写了一本书，就是想让每个人都能读懂深奥的金融。当拙作《金融战国时代》一出版，马上就爬上北京王府井书店销售的排行榜。

不到一年我又趁热打铁，将书出了一个修订版。出版社从2014年开始，又不知其数催促我，可否再修改，搞一个终结版。在今天这场股难面前，应该说出版社是有先知先觉的。

我不敢说大话，如果我的新书能早点修改出版，至少不会有这么多的股民，遭遇这次股市风险，损失惨重。

在金融问题上，我的忠告是：

当中国大街小巷充斥银行、也就是说银行比商店还多时，当中国大爷大妈充满股市、也就是说股民比菜市场里的人还多时，中国的股市一定要出大事件。

就在对沽空报告正式追责前的两周里，股市就像坐上"过山车"，一会儿让你上天堂，一会儿送你下地狱。先是上海证券交易指数狂跌，连带也殃及深圳股市。如果从上证6月中的高点5178点算起，至7月9日止跌于3700点左右，跌幅达30%。

至于深圳股市更惨，跌幅深达40%。我国有逾9000万股民，多数人高中都没有毕业，因此投资进股市当然有相当的盲动与不理性。

是的，作为一家上市企业的CEO，我同情弱者；作为一个作家，我想用良知说几句话。

当"比共产党员人数还多"的股民财富大幅缩水时，中央政府当然不能袖手旁观。

凡有股票交易市场的国家，都曾面对过崩盘危机。例如，20世纪末的"黑色星期一"事件，全球股市在纽约股市带领下恐慌下杀、2000年初的网络泡沫、2008年的金融海啸等，原因各不相同。

越是成熟的市场经济，越不会因为股市下跌而要求政府护盘；但像中国大陆这次是首次面临上亿人民卷入的股灾，当局下令进场护盘也就不足为奇。

当我见到一些人打着市场经济旗帜，反对政府救市时，我一直欲问他们："你们的经济良心呢？"也许今天这个世界太浮躁，人们的灵魂已经无法跟上经济飞速发展的脚步。

在这一轮中国股市风险面前，我原本不想过多评说，因为我书中该说的都说了。但此刻受德道良心的谴责，我还是要站出来，我不该失语。

也许这不是一个从事CEO岗位的作家所能够担当或把持的。但人民需要我们挺身而出的时候，我们不上刀山，谁上？人民需要我们抗股救灾的时候，我们不下火海，谁下？

记住是人民养育了我们。

我这个人就是这样"刀子嘴豆腐心"，这里我得先告诉人们，中国最近的股市问题，不同于一般的股市波动，也有别于一般的股市风险。

实话实说，这次对中国是一场股灾，用一句英语表达叫 The Stock Market Disaster。

因为按国际惯例，股票连续下跌超过百分之二十，应该就属股灾。而这次中国股票下跌达到百分之三十，许多股票价格已经腰斩，王大仙等少数股票跌掉百分之七十，我们应该直面社会坦荡承认：

中国遭受着一场股灾。

在这场股灾中，我敢说本地企业比其他省份的企业压力更大。因为我出生在美丽江南，在这个人间天堂，有一个胡雪岩故居，他曾是中国显赫一时的红顶商人。

早在19世纪70年代，中国已经出现了股市，最早是一些在华的外国人从事外企的股票投机，后来一些中方买办看到有利可图，也加入进来。洋务运动兴起后，很多近代意义的中国企业开始出现，为了融资的需要，这些企业也开始发行股票，进入股票市场。

经过10多年的培育，中国股市迎来了一个黄金时期，从19世纪80年代开始，上海股市疯涨，一些钱庄开始将钱庄资金投入股市。求财心急的胡雪岩跟风，立马从股市栽了下来，结果粉身碎骨，永世没有翻身！

加之，这次股市快速下跌的敏感时间，市场上还到处传言"浙江场外配资公司做空股市"，他们被视为"空军"的主力，正在社交媒体上遭到全面声讨。

在一篇广泛流传的题为"上级严查股市暴跌元凶"的短文中，作者信誓旦旦地说，上级目标已锁定本企业所在省的配资公司：

"配资公司（本省最多，八百亿元以上，全国百分之七以上）大量卖空股指期货对冲爆仓风险……每日下午二点左右，开始平仓，一边平掉客户爆仓的股票现货账户，一边大笔做空股指期货，两头赚钱。"

传言有板有眼，有数据、有逻辑，不乏英国《金融时报》、美国《华尔街日报》和澳大利亚《金融评论》这样的国际媒体参与。庆幸的是近十年来，浙江一直在全国是"走在前列，干在实处"，我怎能忍心看着我们躺着中枪。

这不仅仅因我是浙江人，就极力要为浙江辩解。股灾是关乎一个国家金融命运的大问题，对每一个有正义感的作家来说，都有着义不容辞的责任。

美国作家马克·吐温曾经是弗吉尼亚城的一名记者，这座城市盛产黄金、白银。在"淘金热"下，不少已经发现黄金、白银矿山的矿主正在出售股票筹集资金，于是马克·吐温将自己的所有积蓄都用来购买股票。

随着股票的快速上涨，马克·吐温选择了"退休"，他来到旧金山，过起了奢华的生活：

"我，一个兴高采烈的傻子，一直以来花钱如流水，并认为自己永远不会遭遇什么天灾人祸。"

哦，好景不长，有一天市场对白银股票的狂热消失了，股价飞流直下，马克·吐温就和小说《百万英镑》中的那个年轻人一样，变得身无分文，甚至接近破产。这些股市真相，就是作家马克·吐温最后留给我们的血的教训。

大家明白，当下股市，关系的已远不是股民们的赔与赚，而是关系到整个中国经济的生死存亡！

因为现在的股票市场，押上的是股民、基民们一家子多年的血汗，押上的是我们的产业资本，押上的是我们的社保基金，押上的是我们过去十来年的经济成果，押上的是我们国家经济转型的希望，押上的是我们国家未来十年的中国梦，这些都是我们的全部！

说到这里，我似乎有点像我身旁的这几位名作家一样"同仇敌忾"了，但我还有三问：

中国已成为世界第二大经济体，金融为何如此脆弱？

监管部门在股灾面前，反应为何如此稚嫩、迟钝？

国民对股市危机认识不足，表现为何如此麻木不仁？

当众多问题叠加，这已经不是救灾那么简单，而是一场战争，是保卫中国金融的一场战争！

是的，我们已经输不起。需要我们真金白银救市，才能产生立竿见影效果；需要我们合力救市，才能提振市场信心。不知道大家有否关注一个细节，其实这次大多数资金并没有立即介入股市，而是市场有信心就有资金。

这里需要提醒的是，反弹不是市场自身的力量，而是"央妈"的庇护、政府"保姆"的呵护，更何况那时还有超过1400只股票避险挂"免战牌"。扛住复牌潮则是最大的风险所在，假如未来这些公司复牌没有出现大幅下跌，A股才算稳定下来。

业界普遍认为，市场参与各方对"千股跌停—千股停牌—千股涨停"的世界奇观不可漠然置之。

记得杜琪峰导演的电影《夺命金》里，形形色色的人因为股票走进了生命的转折，台词里，关于股市更是金句频出：

"以小博大，杠杆、杠杆、再杠杆，古巴买支雪茄十块，来到香港卖两百，这就叫股票"；

"没人不贪心，每个人都想不劳而获，以小博大"；

"谁真的见过股票啊，可人人都想买……"

说到这里，我们几位作家，个个摩拳擦掌，有点恨铁不成钢的味道。

一位作家说：解决当前股市的问题，就要抓住问题的核心，因为对股市压力最大的就是市场信心问题，解决了这个问题，比降准降息、暂停新股发行，甚至比降印花税都要有意义得多。

2008年股市没有加杠杆，大盘照样从6124点跌到1664点，而现在的股市没有加印花税的打压，与2008年的大熊市相比，大盘的暴跌模式仍是有过之而无不及。

预兆一，基金大幅降低仓位。

2007年10月16日，A股创下历史高点6124点之后，由大牛市转为大熊市。当时曾创下基金历史最高收益纪录。

相比之下，2015年一季度各类基金盈利达到5000亿元，比上年四季度盈利增长65%，创出基金有史以来单季度盈利最高纪录。基金的持股信心历来被看成是市场的风向标。

一位作家感到，股市下跌与产业资本疯狂减持有关。进入2007年四季度，A股上市公司股改完成后的限售流通股解禁迎来了高峰。反观2015年以来，以汇金减持银行股等为标志性事件，产业资本启动了新一轮的减持大潮。

还有一位作家一针见血，觉得是"巨无霸"争相上市引发的问题。2015年6月29日沪指严重下跌，此前一个交易日国泰君安上市。由于2007年10月中国石油上市，导致了上证指数见顶6124点后一路走熊达7年，有人认为国泰君安上市也将重演如此的历史性一幕。

当下在政府的重拳救市下，恶意做空的空头暂时被击退了。可是，期指空头"IC"卡被刷爆，并不意味着多空之战完结。因为伴随着大量公司停牌，2015年7月9日正常交易的股票仅1339只，另有1442只股票处在停牌状态。7月10日有66家公司复牌，又有16只新停牌股，市场仍保持半交易半停牌的格局。

从过往狙击空头的历史看，没有几个回合的较量，救市难言结束。从救市的路径和导向看，价值投资的蓝筹股有很明确预期。

其实这轮股灾到来之前，就有人推荐我上网找一位叫"李家大儿"的作家，原来就是前面我提到的李大先，他写了一本炒股小说《股仙》。这书至今我都没有时间翻阅过，听说这位作家是一位证券从业者，我想他至少不会说外行话吧。

哈哈，一本股仙的书，我笑道一定是为"第一世界"的大仙、小仙们写的吧？这时人们终于看到了中国股市的曙光，2015年5月25日，上证指数突破4800点，大涨逾3%，成交量逼近一万亿元。概念股更是全线飘红，涨停无数。

当晚，QQ群"股仙沙龙"里的股民们一片欢腾，群主"李家大儿"，却撂下一句：

"我的个妈啊！亲们，你们就一点不害怕吗？"

后来我又得知，"股仙沙龙"是小说《股仙》的书友群。在书友们心中，《股仙》早已超越了小说范畴，除了娱乐，它还有一个更加诱人的功能：告诉你股市中的盈利保本之道。

在5月底6月初的上攻赶顶时期，"李家大儿"不断利用小说更新，提醒读者"主力资金正在流出，建议将仓位减至五成或更低"，几乎天天如此。

而最近一轮暴跌过后，一位书友给出反馈："李家大儿"，我都减到30%了，还是跌得好酸爽啊！

"那你看看外边怎样？"

"外边？我同事里有个妹子，半仓都没出，现在整天眼泪汪汪的。"

不出所料，《股仙》一出便大受追捧，更新半年多来便有22万多的点击量，累计获得超过一万个收藏、三万张推荐票。在起点中文网的2015年5月月票PK榜上，《股仙》排在第十名。

就连此前李大先写的已被冷落的《股动》也跟着火了一把，关注度直线攀升。当消失了7年之久的大牛市一路狂奔而来，谁都没有想到，在仙侠玄幻题材统治的网络文学世界里，炒股小说竟有了出头之日。

说到这里，还是要窃窃暗笑，7月本来就不是炒股吉日。前面我说到的美国作家马克·吐温，他一生都在投资股票，在《傻瓜威尔逊》一书中，他写了这么一句话：

"10月，这是炒股最危险的月份；其他危险的月份，有7月、1月、9月、4月、11月、5月、3月、6月、12月、8月和2月。"这里他把7月排在首位。

恩格斯也曾说过，他从《人间喜剧》中得到的经济知识比在任何书本上学到的都要多。但是，写出《人间喜剧》的法国作家巴尔扎克似乎并没有好好利用这些经济知识。巴尔扎克一年的稿费超过六七万法郎，比当时法国财政大臣的年薪还高。

可惜，他挥金如土，穷奢极侈，预支一笔又一笔稿费，投资银矿、地产、股票和印刷厂都血本无归。尤其是投资股票，巴尔扎克买啥亏啥，屡战屡败，到死还负债累累。

当年，捏着欠条的面包商、握着期票的银行家、揣着契约的出版商，甚至是手持拘捕令的法警，都忙着找巴尔扎克，希望他还钱，或者去局子里蹲着。

说到这里，人们是否觉得"百无一用是书生"？但对此，我不敢苟同，因为在股市实战中，作家更多的是门外汉；而在股市外面，也许旁观者更清。这大概是许多作家，能写出许多畅销股市文学作品的原因。

当然，资本市场的利益最深厚，政府的干预差不多也最厉害。若先选择股市作为去政策市的突破口，也不是不可以，但必须考虑时机、可能性和成本问题。

从当下的情况来看，要去股市的政策市，须先把股市稳住，恢复股市人气，在股市开启一个上涨周期中再平衡推出那些未竟的改革措施，将股市改造成一个公平、公正、透明的市场。

从这个角度看，如果说本轮牛市有什么遗憾，就是在股指从3000点涨到4500点的过程中，中国监管当局没有启动市场化改革，反而利用这个机会进行股市大扩容，以致才有今天的股灾发生。

最后，我结合企业股票实际，对我作品的铁杆粉丝——一大帮中国作协会员头衔的作家们，套用《人民日报》上一句话作结束语：

"如果将股市看作是'中国梦'的载体，那么其蕴藏的投资机会是巨大的。"

但是，如果把股市当作赌场，那么世界上任何一个赌场都是危险的。

这么一大帮铁杆粉丝作家没想到反被我洗了脑，粉丝迷们更加俯首帖耳，纷纷表示今天回家，必须挑灯夜战，为我这个王大仙的企业股票摇旗呐喊。

温小仙也掺和进来，在大作家们面前班门弄斧，引得大家哄堂大笑——

　　　　无论你在华灯初上的城市

　　　　还是在灯火阑珊的街头

　　　　我们都是这尘世的过客

　　　　如果你看到一个疲惫孤独的旅人

　　　　请你照顾一下它（股票）

　　　　通知我一声

　　　　它（股票）是我迷路的兄弟。

后街金融的是与非
——第十七张面孔是地下钱庄

美国人写的《后街金融》，开门见山地说："今天，到中国旅行的人都会看到一个迅速成长中的喧闹的私营经济。但他们看不到的是，这种增长是如何筹措到资金的？"中小企业融资难、融资贵，这是世界级难题。时下确有打着金融创新、科技创新的旗号，实际上做的是非法集资、非法融资、非法吸收存款等，与社会与企业都没有好处。

前些日子我到省委党校学习，在校园书店见到一本美国人写中国金融的书，名字就叫"后街金融"，一下子吸引了我。

这本书开门见山地说："今天，到中国旅行的人都会看到一个迅速成长中的喧闹的私营经济。但他们看不到的是，这种增长是如何筹措到资金的。"

然后说道："当我带着一捆问卷出入于各个城镇和村庄时，私营企业家们不相信竟会有人对他们不受规章制度束缚的经济感兴趣。"

接着又说："当我在私营企业主那里调查，'你从银行里借过钱吗？'这个典型的问题时总是能引来生动热烈的回应，如果不把这些回答视为自贬的话。"书中又说：

"你疯了吗？私人老板是不可能从银行贷出钱的！"

"我不识字，也没有可抵押的东西，甚至连城市户口也没有，如果是你会借钱给我吗？"

"一位饭店老板当着我的面大笑起来，说了一句最令人可笑的话：'就是毛主席他老人家再活过来，叫银行贷给我钱，他们也不会干的！'"

"如这些回答产生了一个需要深思的问题、在得不到国家控制的银行系统贷款的情况下，国民经济中的整个私营部分是怎么发展和繁荣起来的？如何银行不贷给私营企业家钱，那么中国的'经济奇迹'是怎么筹措到资金的呢？"

美国人在这里说的后街金融，我以为就是国内常说的地下钱庄。

因为在我们日常生活中，如果一种活动在非法进行，就往往被称为"地下活动"。"地下活动"多发生在经济领域，从20世纪80年代开始，中国东南沿海地区出现了一些民间金融组织，它们通过高息揽存吸纳民间游资，然后靠放贷来获取利润。

从地下钱庄诞生之日起，人们就对它褒贬不一。有的人说起来就摇头，把它视为洗钱的温床，扰乱金融秩序的罪魁祸首；有的人则把它视为激活民间经济、制造富翁的摇篮。

据记载，最早在春秋时期，我国就出现了与钱庄相类似的民间组织机构，吸纳民间钱财。但由于彼时的经济定义与运行模式与现代相差巨大，因此这段历史不作深究。而放之现代，地下钱庄早已不再是单纯吸纳民间存款，而是发展出多种业务。

地下钱庄在国外也有多种表现形态。在美国、加拿大、日本等地的华人区称为"地下银行"，主要从事社区华人的汇款、收款业务。类似地下钱庄的组织机构在亚洲还有很多，一些地下钱庄在印度、巴基斯坦已发展成为网络化、专业化的地下银行系统。

根据国务院颁布施行的《非法金融机构和非法金融业务活动取缔办法》规定："非法金融机构，是指未经中国人民银行批准，擅自设立从事或者从事吸收存款、发放贷款、融资担保、外汇买卖等金融业务活动的机构。"因此，地下钱庄属非法金融机构。

所以，地下钱庄是我国民间对从事地下非法金融业务的一类组织的俗称，是地下经济的一种表现形态。根据地区的不同，地下钱庄从事的非法业务有很多，比如：非法吸收公众存款、非法借贷拆借、非法高利转贷、非法买卖外汇以及非法典当、私募基金等。其中，又以非法买卖外汇和充当洗钱工具最为人熟知。

地下钱庄并没有因为其非法性质而裹足不前，也没有因为政府的不断打击而销声匿迹，其规模反而越来越大。从经济发达的沿海地区到遥远边疆，地下钱庄遍布各地。而且，经营组织也随业务不同而各异，既有在街头游逛的"倒汇黄牛"，也有部分地区以公司形式公开经营的职业机构。在温州，地下钱庄甚至采用现代企业管理制度——股份制。

民营经济为何选择地下钱庄？

我手上有一份中国人民银行温州中心支行的调查报告发现民间借贷关系以个人借给个人为主，借贷主要是用于生产经营，借贷期限以6至12个月居多。供给总是对需求作出反应，在民营经济比较发达的地方，私营企业主的资金需求特征常常表现为短、平、快，但风险较高，因而很难得到正规金融机构的支持。温州有很多印刷、包装企业，在接到订单后，短时间内需要大量的资金。而由于生产周期短、资金周转快，向地下钱庄支付的利息就相对低，这是无法迅速从银行贷到款的温州企业愿意向地下钱庄借钱的重要原因。

不久前，我遇见《借贷危机》一书的作者段育文先生，他悄悄对我讲了一些地下钱庄如何集资、如何运营、如何牟取暴利的一些真相，多少还是让人触目惊心的——

那年，他接到北京温州企业商会一个电话："帮帮我！我被人骗了5000万元。"

求救者是典型的温州人，他叫林步贵，于1979年来到北京，经历重重艰辛，终于积累了上亿元的资产，成为北京赫赫有名的商界人物。然而，这个精明的温州商人，如今也遭遇了暗算，落入"地下钱庄"设下的骗局。

几个月前，有几个人来到北京向他借了5000万元的巨资，投入到地下钱庄的生意中去。对于地下钱庄，林步贵有所耳闻，他知道地下钱庄是非法的，运营模式是通过高利贷牟取暴利，所以他一开始不愿意借钱。但对方许以高额利息，还有杭州的几套别墅做抵押，他就把钱借给了对方。等了两个月，到该付利息的时候，对方的电话号码却成了空号。

"地下钱庄怎么会有那么多的骗子？"林步贵不停地质问着。

段育文对他解释道："地下钱庄来向你借钱，必然是预谋很久的事情。先去报警，走司法程序。"

段育文极力寻找接触地下钱庄老板的机会，目的只有一个：原生态地了解各地地下钱庄的生存状态。在温州，一位不愿透露姓名的地下钱庄（挂牌担保公司）老板告诉段育文："我们这些担保公司、小额贷款公司等合法机构异化成为地下钱庄，实属无奈。按照规定，获得融资担保牌照的担保公司必须和银行合作，向银行打入保证金获得银行认证后，才可以通过银行将保证金放大5倍，给相关方进行担保。"该老板坦言，自己的担保公司也在做借贷中介，收益不菲。比如，一笔1亿元的直存款业务，可拿到借款额2%至3%的额外提成。所谓直存款，就是借款人虽符合银行的放贷标准，但由于银根紧缩，银行的信贷额度已用完而无法放贷。于是，借款人为该银行吸收一定数额的存款就成为其从银行贷款的前提。借款人没法筹集到存款只能求助地下钱庄，这时，就有金主（有放贷需求的个人或企业）将约定款项存入指定银行，然后由银行按正常程序向借款人放贷。借款人需向金主贴息，而庄主属于服务于金主的中介。

"金主去银行办理定期存款，并将银行存款单和一年内不查阅、不调动存款的承诺书给借款人看，按照行情，存入银行一年，金主不仅可以拿到4.14%的银行利息，还可以一次性拿到借款人额外支付的近5%的贴息。如按活期存款办理，借款人必须向金主支付18%至20%的贴息。一般我们从上线那里，以两三分的月息进货，然后再以六七分的月息出货，从而赚取利息差。"该老板说。

该地下钱庄老板举了一个例子，来表示与下家签订的合同都有哪些"门道"。他举例说：假如陈某融资2000万元，周转1个月，提供房产抵押等材料，抵押物价值为融资额两倍即4000万元以上，办妥抵押手续后，以个人名义出借资金。白纸黑字的借条上写明的利息不一定高，但是在资金真正借给陈某之前，"高"利息就已支付了。按月息8分利算，借款方事先就要支付160万元的利息，利息通常直接在借款中抵扣，陈某借条上的借款是2000万元，事实上他只拿到1840万元。

正如该地下钱庄老板所言，后来根据段育文的调查，温州地区所有正规担保公司的资金流量还不足地下钱庄资金流量的1%，归根结底的原因还是相差巨大的利息回报，融资性担保业务只赚2%至2.5%的手续费，地下钱庄的收益最低额至少都在10倍以上。

根据段育文手上掌握的情况，前些年，温州地下钱庄，可谓是中国借贷危机的策源地；福建地下钱庄，每年非法资金流达上千亿元；鄂尔多斯地下钱庄，有近2000家，触角甚至伸到了陕西神木；东北地下钱庄，黑社会色彩浓厚；山东地下钱庄，大批韩国人参与其中；江苏地下钱庄，部分政府官员深陷；广东地下钱庄，神秘的"百慕大珠三角"；湖南地下钱庄，广东"进攻"中西部地区的跳板……

当然这些都是地下钱庄在段育文眼中往日的故事。我知道，中小企业融资难、融资贵的问题严重，这也是世界级难题；金融乱象严重，许多打着金融创新、科技创新的旗号，实际上做的是非法集资、非法融资、非法吸收存款、乱设机构、乱办金融业务等，与社会与企业都没有好处，因为成本很高、代价很高；还有就是当前老百姓的投资理财领域问题严重，不能乱投资，不能乱参加集资，更不能借钱去投资，因为这种投资风险太大，教训极为深刻。

可见，地下钱庄对中国金融市场及实体经济的影响与冲击最大的，还是境内、境外联手通过大量外资进行炒作，干扰现行的货币政策。这类地下钱庄类犯罪主要有四种类型：

一类是较为传统的以境内直接交易形式实施的非法买卖外汇行为，一类是当前常见的以境内外"对敲"方式进行的跨境资金汇兑行为，一类是涉及澳门的境内银行卡跨境取现套现行为，还有一类是以掩饰隐瞒犯罪所得来源和性质为目的的洗钱行为。

这与《后街金融》书中所言的，从20世纪70年代末中国实施经济改革以来，全国的企业家兴办了3000多万家私营企业。然而，这些企业绝大多数无法获得官方的贷款。正式的金融机构继续为国有企业服务，而大多数的私人银行仍为非法。中国的企业主们是如何筹措到资金来从事经营的呢？小企业家们不顾国家的金融法令，创建了令人眼花缭乱的多种非正式金融机构，其中包括资金互助会和伪装成其他组织的私人银行。显然，前者与后者的地下钱庄，有着天壤之别。

特别是近年来，随着国内外经济形势的变化，恐怖主义犯罪国际化，走私犯罪和跨境毒品犯罪增加，以及我国加大对贪污贿赂犯罪的打击力度，从事非法资金支付结算业务、非法买卖外汇等涉地下钱庄犯罪活动日益猖獗，涉地下钱庄刑事案件不断增多。地下钱庄已成为不法分子从事洗钱和转移资金的主要通道，不但涉及经济领域的犯罪，还日益成为电信诈骗、网络赌博等犯罪活动转移赃款的渠道，成为贪污腐败分子和恐怖活动的"洗钱工具"和"帮凶"，严重扰乱金融市场秩序，严重危害国家金融安全和社会稳定。

最高人民法院、最高人民检察院就涉地下钱庄犯罪相关法律适用问题进行了深入调研，全面收集相关情况和案例，对存在的问题进行了系统梳理，结合司法工作实际，制定了《关于办理非法从事资金支付结算业务、非法买卖外汇刑事案件适用法律若干问题的解释》（下文简称《解释》），自2019年2月1日起施行。

《解释》的出台，是贯彻习近平新时代中国特色社会主义思想和党的十九大精神，防范化解重大金融风险的需要；是依法严厉惩处涉地下钱庄犯罪，维护金融市场秩序和国家金融安全的需要；是统一法律适用，提高办案质量，确保办案法律效果和社会效果的需要，意义十分重大。

在起草制定《解释》过程中，主要有以下几方面的原则和考虑：坚持罪刑法定原则。正确理解和把握立法精神，严格依法准确解释法律，是起草司法解释所坚持的首要原则。《解释》以《刑法》规定为依据，严格在《刑法》规定范围内进行解释，对非法从事资金支付结算业务、非法买卖外汇犯罪行为的界定和确定的定罪量刑标准等内容，都没有超出《刑法》的规定范围，确保罪刑法定原则在司法实践中得到贯彻落实，确保无罪的人不受刑事追究。

坚持立足司法实际。立足司法实践，解决实际问题，是制定司法解释的出发点和落脚点。在起草《解释》过程中，就涉地下钱庄犯罪相关法律适用问题进行了深入调研，全面收集相关情况和案例，对存在的问题进行了系统梳理。在此基础上，坚持以问题为导向，结合司法实际，明确了非法从事资金支付结算业务、非法买卖外汇"情节严重""情节特别严重"等具体的定罪量刑标准，以及一些有争议的法律适用问题，以便统一司法标准，统一法律适用，确保刑法得到正确实施。

坚持贯彻宽严相济刑事政策。贯彻宽严相济刑事政策是制定司法解释一贯坚持的重要原则。《解释》在从严惩治涉地下钱庄刑事犯罪的同时，切实体现区别对待，分化瓦解犯罪分子，规定对于行为人符合定罪处罚标准，如实供述犯罪事实，认罪悔罪，并积极配合调查，退缴违法所得的，可以从轻处罚；其中犯罪情节轻微的，可以依法不起诉或者免予刑事处罚。同时切实贯彻认罪认罚从宽制度，规定符合《刑事诉讼法》规定的认罪认罚从宽适用范围和条件的，依照《刑事诉讼法》的规定处理，确保法律效果和社会效果的有机统一，更好地实现惩罚和预防犯罪的目的。

坚持凝聚法治共识。制定司法解释的过程是一个发扬民主、凝聚共识的过程。在起草《解释》过程中，先后多次组织召开专家论证会听取意见和建议，并征求全国法院系统、检察院系统以及公安部、中国人民银行、证监会等有关部门的意见，同时征求全国人大常委会法工委的意见，达成广泛共识。《解释》集中了全国法院、全国检察院的实践经验和司法智慧，也凝聚了有关部门有关专家学者的法治智慧，必将有利于社会的认同和支持，也有利于在司法实践中得到贯彻落实，让人民群众在每一个司法案件中感受到公平正义。

遏制地下钱庄猖獗，除了加大打击力度外，笔者认为更要加快金融改革步伐，用金融改革利器铲除地下钱庄滋生的土壤，这应该是治本的本质要求。

加快外汇管理体制改革，放开个人用汇限制。主要是打破长期由央行单一官方外汇管制体制，逐渐过渡到由官方与市场相结合方式进行，并逐步取消官方单一汇率制，实现汇率市场形成机制，提高人民币资本项下可兑换程度。同时，将上海自贸试验区研究启动的合格境内个人投资者（QDII2）境外投资试点进行全面推广，拓宽境外人民币投资回流渠道，既为中国民间资本打开境外投资新通道，更为民众正常用汇拓宽渠道，使个人大额用汇"合法化"。此外，建立民众用汇遴选机制，对民众投资移民、留学等用汇进行备案审查，把好关口，并取消限额管理，简化审批手续，提高外汇使用效率，降低用汇纳税点，满足民众日益增长的外汇需求。

改变现行的外汇管理与反洗钱功能混淆模式，有效划分外汇管理与反洗钱组织功能。在外汇管理与反洗钱方面，我国政府一直存在定位不准、概念混同等问题，把反洗钱和外汇管制不自觉联系在一起，陷入了"反洗钱"必须从严外汇管制的认识"误区"。今后在反洗钱方面应彻底纠正这一理念，实行外汇管制与反洗钱"两张皮"，让"上帝的归上帝，恺撒的归恺撒"，防止反洗钱抑制民众正常外汇需求；并向美国借鉴成熟外汇管理经验，美国是世界上反洗钱最严厉、最卓有成效的国家，但美国对个人外汇的汇入和汇出，都没有上限限制。

加快民间金融组织立法进程，通过立法将有资质的地下钱庄收编为正规民营金融机构。准许一些地下钱庄从事民间集资、自由借贷等合法金融活动，引导其主动从良；并开正门、堵歪门，对其开放换汇渠道，与银行机构具有平等经营外汇身份，使地下钱庄非法"洗钱"变为合法经营外汇业务，净化地下钱庄行为，为广大民众用汇提供极大便利；即使暂时不允许，也应立即放宽外汇管制。除此之外，改革银行现有信贷管理办法，消除信贷歧视，为民营中小企业打开有效金融服务通道；大力发展为中小民营企业服务的中小银行，改善现有银行服务体系，增加有效金融供给，铲除地下钱庄滋生的社会土壤；加强银行业经营自律，严惩银行及其工作人员参与地下钱庄活动；通过加强对国有企业资金流向监管，防止其资金流向地下钱庄；引导民众形成正确投资理念，选择合理投资方式，提高金融风险防范意识，把民间借贷引入正途，使社会资金自觉隔断与不法地下钱庄关系。

蔡欣怡的《后街金融》一书中对地下钱庄实地调查得出的结论，已经向发展的政治经济学的传统观点提出了挑战。她的结论表明，中国的企业主们尽管得不到国家的贷款，也未拥有一个界定分明的私人产权制度，但仍然能够以富于创造性的手段，动员起当地的社会资源和政治资源，显示了无为而治的强大。

在时下民营企业融资难、融资贵的今天，也许"非正式的互动与非正式金融业的顽强存在，正是中国的经济奇迹能够措到资金的原因"。而如何真正铲除地下钱庄滋生的社会土壤，打掉地下钱庄潜滋暗长的"保护伞"，这才是我们必须认真思考和深究的一个重大问题。

九州生气恃风雷

——第十八张面孔是金融开放

　　如今"开放"已经是中国金融市场上的一个高频词，在迈向高质量发展、中美贸易战的背景下，为什么"中国开放的大门不会关闭，只会越开越大"？在"宜快不宜慢、宜早不宜迟"的原则导向下，决策层根据国内外金融业发展格局的变化，适时启动金融业对外开放的"加速键"，这也是往日难得遇见的姿势。如何增强对金融开放新格局的适应性，将是我们绕不过去的坎。

如今"开放"在中国金融市场上，可谓是一个高频词。

一说到开放，常常想起花蕾的绽放，聆听花开的声音，这是一件多么让人欣慰、让人快乐的好事。

当今世界，开放融通的潮流滚滚向前，经济全球化的历史大势不可逆转。尤其在迈向高质量发展、中美贸易磨擦的背景下，中国经济正面临着新一轮对外开放的挑战和机遇。

就像元朝郑廷玉，在《看钱奴》楔子中所言："现今黄榜招贤，开放选场。"高水平金融开放既是增强金融功能、推进经济加速发展的关键，又是实现国际收支均衡发展、确保汇率基本稳定、降低金融风险的重要保障，无疑为新时代中国经济高质量发展提供了强大动力。

特别是2019年以来，我国金融业对外开放节奏越来越快，如5月推出12条开放新措施，6月17日正式启动沪伦通，6月30日国家发改委、商务部联合发布负面清单，7月20日国务院金融稳定发展委员会办公室推出了金融业进一步对外开放的新11条政策措施。可以说，中国金融业对外开放正以前所未有的力度向前推进。

甚至前几个月，李克强总理在大连夏季达沃斯论坛开幕式上还大声疾呼：我国将深化金融等现代服务业开放举措，将原来规定的2021年取消证券、期货、寿险外资股比限制提前至2020年，在增值电信、交通运输等领域减少对外资准入限制，落实好征信、信用评级、支付等领域外资机构国民待遇，扩大债券市场双向开放。

不知人们有否注意到，随着国际政治、经济和金融形势的变化，决策层在"宜快不宜慢、宜早不宜迟"的原则导向下，为我国深化金融业对外开放的步伐，适时启动了"加速键"，这是往日难得遇见的姿势。

为什么"中国开放的大门不会关闭，只会越开越大"？

我觉得，这除了对外表明中国金融业对外开放的决心与力度之外，更主要解决对内的故步自封、因循守旧问题。因为长期以来，由于境内外市场规则制度差异、配套法律法规不到位、汇率制度等因素制约，金融业对外开放工作存在反复、缓慢等特点。当前中国金融机构开放程度明显滞后于国际水平，外资股权投资比例受限。从国际比较来看，大多数国家在银行、证券、保险等领域已经取消对外资持股比例限制，而当前中国对金融行业限制较严。

拿银行业为例，虽然当下的街坊银行比店铺还多，但中国规定单个境外金融机构及被其控制或共同控制的关联方，作为发起人或战略投资者向单个中资商业银行投资入股比例不得超过20%；多个境外金融机构及被其控制或共同控制的关联方，作为发起人或战略投资者投资入股比例合计不得超过25%。当前中国银行业仍以国企为主，外资、民营银行比例占比较低，其中外资银行自20世纪90年代以来，资产占比一直在2%左右徘徊，2017年已降至1.3%，远低于OECD国家平均高于10%的水平。

"九州生气恃风雷，万马齐喑究可哀。"真的不说不知道，一说吓一跳。

时下的中国金融开放度，你说怎么能与经济全球化的开放大潮相匹配呢？看来我们必须提高认识，拉高站位，紧紧抓住新一轮对外开放的机遇。

必须清醒认识高质量经济发展，离不开高水平金融开放。因为金融是经济的血液，高效、富有活力的金融是聚集生产要素、优化资源配置的最优方式。与制造业相比，我国金融业开放较晚、开放度较低，导致金融市场竞争不够充分，金融机构大而不强，金融供给不能有效满足需求，突出表现为金融结构不合理、直接融资规模过小；金融创新滞后，资产配置和风险管理较弱；特别是不能满足创新型、轻资产型中小企业的金融需求，不利于建设创新型经济。扩大金融开放，全方位引进外资，特别是引进发达国家历史悠久、竞争力强的金融机构，有利于在金融市场产生鲇鱼效应，倒逼国内各类金融机构在更加激烈的竞争中锐意进取，在产品创新、定价能力、客户服务、风险管理等短板领域深化改革，强化金融功能，提高金融服务实体经济的能力，使得金融更好地成为我国经济高质量发展的加速器。

必须清醒认识走向全球价值链中高端，亟待高水平金融开放。全球正处于以人工智能为代表的第四次工业革命浪潮中，加速产业升级、在新一轮国际产业链价值链重构中占据有利地位，不仅是主要国家产业政策的核心内容，也是当前国际竞争的重心所在。中国战略性新兴产业发展迅速，正在逐步壮大成为拉动经济增长的新动能，需要解决核心技术突破、大规模持续投资、建立涵盖国内外市场的产业链等问题，引进外资无疑将加速这一进程。减少并最终取消对外资股比的限制、实施高水平金融开放有利于增加外资金融机构数量，扩大外资在中国金融市场的份额，提高金融服务外资实体企业的能力，从而进一步改善营商环境，吸引更多外资进入中国，助推中国在全球产业链重构中告别"微笑曲线"的低端，走向中高端。

必须清醒认识实现国际收支均衡发展，必须高水平金融开放。我国经济增长动力已发生重大转变，消费和市场正日益成为新的国际竞争优势。目前，我国的国际收支均衡面临严峻挑战。一方面，外部需求不旺导致出口下降，经常项目顺差呈缩小趋势，占经济总量的比例从2007年的10%下降到2018年的不足1%。另一方面，中国已发展成为第三大对外投资国，加上"一带一路"建设的推进，未来一段时间仍需要增加对外投资，资本与金融项目收支顺差有可能转变为逆差。稳健的国际收支是确保人民币汇率稳定、防止热钱冲击、维护金融安全的基础。因此，在进口、投资支出不断扩大的情况下，增加服务贸易收入对国际收支均衡发展具有战略意义。金融业是生产性高端服务业，是高质量服务业的代表，实现高水平金融开放，有利于加速将上海建设成为国际贸易和国际金融中心，有利于提高我国金融业整体效率和竞争力，创造更多金融附加值和出口收入，减少我国服务贸易逆差，增强国际收支稳健性。

"再战江湖风云起，浪迹天涯百万里。"不知是不是受金融开放的倒逼，在我动笔的时候，2019年7月20日，国务院金融稳定发展委员会办公室宣布推出金融业对外开放11条新措施，允许外资金融机构在中国开展业务，新政仿佛春风化雨，会带来那些惊天动地的新变化呢？

这时，境外投资更加便利了。

目前，境外投资者可以通过QFII/RQFII、直接入市、债券通等多条渠道入市投资，但不同渠道相互分割也给同一境外投资主体造成不便。新政解决了同一境外机构投资者通过不同渠道投资的债券过户、资金划转和重复备案问题，进一步提高了境外投资者入市投资的便利性，体现了金融市场高水平开放的要求。

这时，外资养老金管理公司要来了。

当前，中国养老金管理市场以第二支柱企业年金基金管理为主，规模和增长有限。而国内养老金管理公司还处于试点阶段，试点采取成熟一家、批准一家的方式，只有1家由建行设立的建信养老金管理公司。允许外资设立养老金管理公司，有利于增加主体类型，增强市场活力，引入成熟养老金管理经验，提升养老金投资管理水平。

这时，外方控股的理财公司加盟了。

新政要求，鼓励境外金融机构参与设立、投资入股商业银行理财子公司；允许境外资产管理机构与中资银行或保险公司的子公司合资设立由外方控股的理财公司。允许合资成立外资控股理财公司，有利于引进国际先进的资管实践和专业经验，促进资管业及资本市场稳健发展，有利于发挥中、外资资产管理机构各自优势，进一步丰富市场主体和业务产品，满足投资者多元化服务需求。

这时，外国保险公司来华容易了。

如今，外国保险公司来华设立外资保险公司需满足经营保险业务30年以上的要求。近年来，随着对外开放的深化，大部分《财富》世界500强的外国保险公司都已进入中国，在中国保险市场发挥了积极作用。取消30年经营年限要求，为具有经营特色和专长但经营年限不足的外国保险公司来华创造了条件，有利于进一步丰富保险市场主体和保险专业服务，促进保险业高质量发展。

这时，有望引入更加多元的寿险产品了。

新政要求，缩短外资人身险公司外资股比限制从51%提高至100%的过渡期至2020年。取消外资寿险公司股比限制，有利于吸引更多优质外资保险机构进入中国市场，引入更加先进的经营理念和更加多元化的寿险产品，增强寿险市场活力，为实体经济提供更好的服务。

这时，"融资难、融资贵"问题可以缓解了。

近年来，中国债券市场开放进程不断加快，境外发行人数量日益增多，境外投资人投资显著增长，外资中介机构队伍持续壮大。目前，已有6家外资银行取得非金融企业债务融资工具B类主承销和承销业务资格。此次允许外资银行开展A类主承销业务，有助于进一步丰富外资机构服务国内实体经济的手段；有助于为境内企业发债融资引入更多的境外投资需求，从而为实体经济融通资金、降低成本提供助益，缓解"融资难、融资贵"问题。

哦哦，"心中青山终不老，放眼风云起波涛"。

这好处，可谓诸多。但从我国金融业对外开放角度，这或许只是冰山一角，小试牛刀。

这里我要强调的是，"开放也是改革"，以开放促改革、促发展，是我国发展不断取得新成就的重要法宝。改革不停顿，开放不止步。作为现代经济核心的金融，要以现代化经济体系建设要求为指南，对标对表，持续深化金融改革开放，提高政策措施的针对性和及时性。

正如习近平总书记指出的，"金融制度是经济社会发展中重要的基础性制度"[1]。金融体制改革是社会主义市场经济体制改革的重要组成部分。要按照习近平新时代中国特色社会主义思想要求，使市场在金融资源配置中起决定性作用，更好地发挥政府在金融管理中的作用。要推进利率汇率市场化，提高金融市场运行效率，要完善国有金融资本管理制度和现代金融企业制度，增强微观金融企业活力。要将五大理念贯穿于金融改革全过程，创新宏观调控方式，改革并完善适应现代金融市场发展的金融监管框架。

所以，我们"该出手时就出手，风风火火闯九州"。按照"非禁即入"理念，外资金融机构进入的步伐必将大大加快，外资金融机构的体量或市场话语权也将大大提升。这不仅对中资金融机构的经营理念、模式和技术形成直接挑战，也势必向中国的金融监管者提出许多新的课题和难题；对普通金融消费者而言，则既会有更新的体验和获得感，也将面临新

---

[1] 2019年2月23日，习近平总书记在中共中央政治局第十三次集体学习时的讲话。

的风险。

下一步，如何增强对金融开放新格局的适应性，将是我们绕不过的坎。

——更高质量的金融开放，需要更有活力的金融机构。

金融业对外开放的加速，逐步会将中、外资金融机构推向同一起跑线，彼此优势与劣势将会显现，在经营模式、产品创新、风控技术及维护客户方面形成全方位的竞争。

风险控制上，外资机构具有相对成熟的机制和经验，特别在风险问责等机制设计方面具有独到的经验，在一些风险较高的领域具有更强的服务能力。

利率定价上，随着利率并轨的加速推进，利率"双轨制"对中资银行的保护将逐渐淡去，在外资机构精细的成本控制和定价优势面前，中资机构优质客户分流成为大概率事件。

服务高净值客户上，特别是在外资机构进入理财市场后，无疑将优化市场供给，同时也对中资机构包括各大银行设立的理财子公司形成正面冲击。中资机构固有的投资收益超额留存的做法，将面临市场的诘问和来自外资理财类机构的挑战。还有，随着外资金融机构市场准入、持股比例的放宽，中小银行或面临被外资收购、并购。如何防范被恶意收购，也是中资机构需要适应并积极应对的问题。

——更高金融业的发展，需要有更高水平的市场主体。

外资金融机构的进入无疑给企业、居民等市场主体带来更丰富的产品、更多的选择，但不一样的规则隐含了更高的要求、更隐蔽的风险。

对企业，以往的融资理念、模式也将面临挑战。如债券市场对外开放，虽然能为境内企业发债融资引入更多的境外投资，但随着外资评级机构的进入，对企业债券信用评级的透明度、标准化、规范化水平要求更高，意味着企业发债难度会更大。过去缺乏财务安排、滚动发行的模式或将难以为继。

对普通投资者，在外资进入的情况下，虽然理财、保险等市场的产品供给更加丰富，但面临的风险特征也将发生明显的变化。比如外资保险，特别是人身险，或许外资保险具有保费便宜、保障全面、防止资产贬值等优势，但其涉及过往病史方面的免赔条款，以及信息披露要求的不同，很容易使投保人因惯性思维落入"陷阱"。实际上，作为理性的投资人，无论在境内、境外购买金融产品，都需要了解产品特点，避免对外资产品的迷信。

——更开放的金融市场，需要更有效的金融监管。

"更加开放需要更有效的监管"，作为金融业对外开放的积极推动者，监管者自身也要面临来自金融对外开放的诸多挑战，需要研究和应对诸多难题。

外资金融机构监管上，需要适应国际金融监管准则，构建符合国情的新监管体系；要加强与各经济体监管当局的沟通合作，防止国际资本套利。我们的行为监管体系的完善程度，应跟上"非禁即入"的理念。同时，还需创新我国金融监管制度，加快补齐制度短板，尽快构建真正的行为监管、功能监管体系，确保监管能力与对外开放程度相适应。

规范市场秩序上，不仅要继续深化金融乱象整治工作，还要积极研究外资持股比例放宽之后，可能出现的外资争夺中资银行控股权，甚至不排除出现"野蛮人"的情况。

分类监管上，外资机构的入股或带来中资银行属性的改变，分类监管如何延续，是监管需要研究的课题。

市场风险处置上，目前政府干预式的风险处置模式与手段，势必让位于真正市场化、法制化的模式与手段。这意味着监管介入企业风险处置的方式需要尽快转变。

执行国家调控政策上，随着外资体量上升，如何按照国民待遇原则推动相关工作，关系到开放模式下的市场公平竞争问题。在推进金融业对外开放方面，坚持对外开放的对等性，也是应有的考量。

"繁霜尽是心头血，洒向千峰秋叶丹。"面对国际经贸环境的新变化，在维护金融安全的前提下，我们应当有序扩大银行、保险、证券、养老等市场准入；应当深化人民币汇率形成机制改革，有序实现人民币资本项目可兑换，稳步推进人民币国际化，便利对外经济活动；应当深化内地与港澳、大陆和台湾地区金融合作。应积极推动建立多元化的全球融资框架，实现我国金融资产全球布局，朝着高质量发展笃定前行。

这是金融开放的矫健步履，更是中国欣欣向上的缩影。现在，就请你带着轩昂的气魄，用智慧走出特有的精彩。

绿叶成萌子满枝

——第十九张面孔是绿色金融

　　说到绿色，有人这么说道，若把《离骚》放在绿色发展群经之首，世界便是让人忧虑的；若把《诗经》置于绿色发展群经之首，世界便是美丽的。2019年7月29日被国外称为"2019年地球生态超载日"，意味着人类目前使用大自然的速度是地球生态系统再生速度的1.75倍，这相当于使用1.75个地球。《诗经》中有田园山水之美，有蒹葭苍苍，有鹤飞于天，绿色金融只有以《诗经》为生命筑底，才能高翔于天际。

绿色，是发展的不变底色，也是我们悉心守护的颜色。

说到绿色，有人这么说道，若把《离骚》放在绿色发展群经之首，世界便是让人忧虑的；若把《诗经》置于绿色发展群经之首，世界便是美丽的。

原来《诗经》中有田园之美，有山水之美；有桃之夭夭，有蒹葭苍苍；有柏舟泛流，有鹤飞于天……造化存乎一心，诗情润于笔下，智慧而又宁静致远，浑厚而又不离不弃。

2019 年 7 月 30 日参考消息网，引述法新社报道，到 7 月 29 日，人类将花完 2019 年全年的水、土壤和清洁空气等自然资源定量。这更坚定了我对《诗经》应为绿色发展群经之首这一说法。

据全球生态足迹网络称，"地球生态超载日"在过去 20 年中提前了两个月，2019 年这一天的到来是史上最早的。这家总部设在加利福尼亚州奥克兰的环保组织称："地球生态超载日在 7 月 29 日到来，这意味着人类目前使用大自然的速度是地球生态系统再生速度的 1.75 倍，这相当于使用 1.75 个地球。"

即按照目前的消耗速度，1.75 颗地球所生产的自然资源才能满足人类的需求。该组织还说："这种全球生态透支的代价正变得越来越明显，表现形式包括森林砍伐、土壤侵蚀、生物多样性丧失，还有大气中二氧化碳的增加。后者会导致气候变化和出现更频繁的极端天气。"

全球生态足迹网络创始人马蒂斯·瓦克纳格尔说："我们只有一个地球——这是人类生存的最终决定性环境。我们无法在不造成破坏性后果的情况下使用1.75个（地球）。"

无疑，人与自然如何和谐共生，这是时下人们之所以匆匆忙忙推出绿色发展的强大动因。

不瞒大家说，我也曾遭遇过绿色问题的尴尬。记得那是21世纪初，我与另一位知名经济学者合作《绿色经济》一书，这应该是当时中国第一本关于绿色经济方面的著作。可万万没想到，出版时遇见许多麻烦，先找了家经济类出版部门，答复我们说："没有听说过这类的经济。"又找了家综合类出版部门，也表示谢绝，"这类学术性东西我们没有编辑力量！"最后经朋友介绍，找到中国林业出版社，好说歹说这个选题与林业的"绿水青山"，多少有点贴近……

也许，现在不会再闹出这样的笑话了。

毕竟金融是现代经济的血液，绿色发展需要绿色金融来支撑与支持。

套用前面说的，就是如何利用《诗经》的绿色指向，推进绿色金融向前发展，但在此后相当长一段时间内，并未引起人们足够的重视。

直至2015年，伴随着"绿色发展"理念的深化和"一带一路"倡议进一步落实，中国绿色金融逐渐呈现出全面提速的良好态势，对内持续助力生态环境质量改善，对外改善国家形象、提升国家话语权，为中国崛起提供"弯道超车"的可能。

2015年底，"绿色金融"写入《"十三五"规划纲要》中，其中明确提出"建立绿色金融体系，发展绿色信贷、绿色债券，设立绿色发展基金"。

2016年8月，中国人民银行等七部门发布《关于构建绿色金融体系的指导意见》，标志着我国构建系统性绿色金融政策框架的国家战略正式形成。

2017年6月，国务院常务会议决定，在浙江、江西、广东、贵州、新疆5省区选择部分地方，建设绿色金融改革创新实验区，为我国绿色金融的全面推行进行试点探索，标志着我国地方绿色金融体系建设正式进入落地实践阶段。

2017年8月，中央深改小组审议通过了《关于构建绿色金融体系的指导意见》，指出发展绿色金融，是实现绿色发展的重要措施，也是供给侧结构性改革的重要内容。同时要利用绿色信贷、绿色债券、绿色股票指数和相关产品、绿色发展基金、绿色保险、碳金融等金融工具和相关政策为绿色发展服务。

到2017年10月，党的十九大报告中纳入"绿色金融"一词，标志着"绿色金融"已成为党的执政方略的长期重要内容。

经过如此努力，中国积极推动绿色债券在国际市场上的发行，并带动了全球绿色债券市场的蓬勃发展，2016年中国债券市场上的贴标绿色债券发行规模一下超过2000亿元，占全球当年发行量近40%，成为全球最大的绿色债券市场。

很多国家首次制定绿色金融政策框架、首次发行绿色债券，这都体现了中国在绿色金融领域的影响力。中国、法国等8个经济体的央行和监管机构共同发起成立了央行与监管机构绿色金融网络，目前已经扩展到19个国家，推动各方在可持续投资、环境信息披露等方面加强合作。

同时，中国和多个国家在双边及"一带一路"倡议等框架下的绿色金融国际合作也取得了丰硕成果。尤其值得一提的是，从2016年起，绿色金融（可持续金融）由中国首倡，连续列入G20领导人峰会议题，由中国人民银行担任共同主席的G20绿色金融研究小组，连续3年完成了G20绿色金融综合报告，相关的政策建议分别写入了G20杭州峰会公报以及

G20倡导行动计划，标志着中国金融业为全球治理提供"中国方案"。

大凡我接触到的专家，几乎都一边倒地认为，中国在绿色金融领域已处于绝对的国际领先地位。这时还有人直截了当干脆喊道："绿色金融是继互联网金融之后的下一个风口！"

是风口吗？

仔细想来，绿色金融通常是以绿色信贷、绿色债券、绿色股票指数和相关产品、绿色发展基金、绿色保险、碳金融等金融工具和相关政策支持环境改善，应对气候变化和资源节约的经济活动。

不过，好风凭借力，扬帆正当时。沿着"绿水青山就是金山银山"这条大道，正在觉醒的绿色金融，已经渐渐成为推进中国实现生态文明的重要动力与支撑：

比如，绿色金融为经济转型提供资金支持。据估计，我国每年需要的绿色投资约为两万亿元，但地方财政仅能提供最多15%的资金，其余85%的投资需要另寻方法。绿色金融作为一种主题明确的新兴金融类别，能够为环保产业发展及传统产业转型升级提供定向的、长期稳定的资金支持。

又如，绿色金融为建设生态文明创造市场化模式。绿色金融包括"绿色"和"金融"两大主题，能够相互促进。一方面，"金融"帮助"绿色"破除"公共品的悲哀"，通过资金杠杆减少环保产业融资成本，增加污染产业融资成本，通过市场化模式推动经济的可持续转型。另一方面，"绿色"帮助"金融"更加健康地发展，将环境因素纳入金融风险的考量，有助于创造一个更加安全、稳健的金融体系。

再如，绿色金融有利于我国生态文明理念和建设成果向全世界传播。在2016年杭州G20峰会上，中国首次提出的绿色金融议题得到了与会各国的强烈响应，中国的绿色金融将通过"一带一路"等全球倡议将我国生态文明建设的理念和成果推向全球，惠及全人类，并成为中国积极参与全球治理的重要抓手。

看到了吗？绿色金融肯定是"下一个风口"，那么是不是意味着"站在风口上，猪都会飞"？

一想到这几年互联网金融，时不时地爆雷，多少还让人心惊肉跳。再想想，目前我国主要的绿色金融产品还仅仅是一个起步阶段，所以，我们不想见到绿色金融最终也是一地鸡毛。

此话怎讲？

我觉得，必须从绿色金融发展的正反两个方面来把握——

一方面，近年来，我国的绿色金融发展迅猛。央行公布的《2018年金融机构贷款投向统计报告》显示，截至2018年末，本外币绿色贷款余额8.23万亿元，占同期企业及其他单位贷款增量的14.2%。

据《中国绿色债券市场2018年度报告》显示，符合国际绿色债券定义的中国绿色债券发行额达到312亿美元，约合2103亿元人民币。从投向上看，低碳交通最大，占33%；能源第二，占比约28%。截至2018年4月底，保险资金以债权投资计划形式进行绿色投资的总体注册规模达6854.25亿元，其中，投资新能源行业666亿元、水利行业506.44亿元、环保行业52.7亿元等。

《上海证券交易所服务绿色发展推进绿色金融愿景与行动计划（2018—2020年）》出台；《绿色投资指引》对基金管理人进行绿色投资的目标原则、基本方法及监督管理等提出了详细要求，有助于形成国内的责任投资群体。我国绿色金融的发展，对优化经济结构、保护生态环境和促进高质量发展起到了重要作用。

另一方面，绿色金融不能满足我国绿色发展的资金需求。为响应政府提出的"出重拳强化污染防治，坚决向污染宣战"号召，打好打赢蓝天碧

水净土保卫战，我国需要数万亿元人民币投资，但相关环保企业却面临资金不足的困境。

从总体上看，国内储蓄率居世界首位，亚洲基础设施投资银行、金砖国家开发银行和丝路基金等新金融开发机构的建立表明中国正为其盈余资本寻求新的投资渠道和领域，而现实是国内的绿色融资产品依旧短缺。

究其原因，现行政策体系对环境外部性缺乏必要考虑，价格信号遭到扭曲，难以激活和引导社会资本流向节能环保产业、清洁生产产业、新能源产业等绿色产业流域。燃料电池、电动汽车等环境友好产品价格没有内化环境成本，燃烧化石燃料或化工厂的环境成本亦未计算入其产品和交易的成本中去。所有这些，均制约了绿色金融的快速发展。

忘记这是谁说的，"狂风落尽深红色，绿叶成荫子满枝"。从我国目前绿色金融推进情况看，应承认我们率先走在了全球前列，但这仅仅是万里长征迈出的第一步，千万不要自我感觉良好，更不能听任"绿色金融是下一个风口"。

这就是说，千万不能就绿色金融而发展绿色金融，应该将绿色金融放在绿色发展的大背景下，使得两者相辅相成、相得益彰。

不可否认，目前生态环境保护成为全面建成小康社会的"短板"并备受社会关注。正如习近平明确提出的，生态文明建设是"五位一体"总体布局中的一位，人与自然和谐共生是新时代坚持和发展中国特色社会主义基本方略中的一条，绿色发展理念是新发展理念之一，污染防治攻坚战则是三大攻坚战之一。

其一，绿色发展也是发展，是资源承载力和环境容量约束下的发展，是将环境保护作为可持续发展重要支柱的新型发展。相关领域应成为绿色金融的支持重点。如今，国家发改委联合多部委印发的《绿色产业指导目录（2019年版）》提出了绿色产业发展重点，为绿色金融标准实施提供了重要参考。绿色发展贯穿于国民经济和社会发展的各领域和全过程,客观上要求各地必须立足当下、因地制宜、把握关键,把有限的政策资源用在刀刃上。以目录为依据,完善绿色金融制度和相关标准,规范绿色金融资金供给和市场有序发展,为绿色企业的发展壮大和绿色经济的健康可持续发展提供保障。

其二,绿色金融要服务于绿色发展。要以推动绿色发展作为出发点和落脚点,提升绿色产业对推进资源节约循环利用、生态系统保护的支撑能力,为绿色低碳循环的现代化经济体系、污染防治攻坚战、生态环境安全等重大任务的实施提供保障。既要考虑国际趋势发展,与国际绿色产业认定有机衔接,又要考虑我国发展阶段、产业现状、资源保障能力、环境安全等条件以示区别;既要对装备设备生产设置较高的技术标准,推动高质量产品的供给和服务,以体现产业的先进性、引领性,防止低端化、同质化倾向,又要全面助力绿色化转型升级,考虑国民经济各个领域的绿色化升级,既包括制造业、建筑业等第二产业,也包括农业和服务业等一、三产业;既包括产业链前端的绿色装备制造、产品设计和制造,也包括产业链末端的绿色产品采购和使用,力求涵盖完整、全面。

其三,防范风险是我国现阶段的三大攻坚战之一,加强金融风险管控,十分必要。要健全监管规则、强化信息披露、建立预警机制。要建立监督评估机制,避免政策执行走样,防止套利行为;要提高绿色项目识别效率,防止"洗绿"等虚假信息和行为;要建立统一的信息披露和数据统计口径,推动征信和信息共享;要建立风险预警机制,有效监督和评估绿色项目,防范金融风险;要纵向观察绿色金融发展进程、横向比较地区差异,促进绿色金融健康有序发展。

其四,我国绿色金融将从注重规模增长转向追求更高的发展质量,需要用监管制度和产品制度创新来深化绿色金融发展。绿色金融产品有待拓展，制度创新尚需突破，绿色信贷资产证券化产品是未来的重要品种，资产证券化制度应当有所突破；绿色债券品种尚需丰富，绿色地方政府债市场十分广阔；绿色保险将成为绿色金融最重要的领域之一，绿色保险制度创新也急需突破。只有创新思路和制度，围绕国家绿色发展战略拓展业务，绿色发展才能成为我国高质量发展、实现中华民族伟大复兴"中国梦"的重要动能，绿色金融也才能可持续发展。

巍巍青山和潺潺绿水，映照出中国追求人与自然和谐相处的坚定决心，也见证了一批批金融人化"青疙瘩"为"金豆豆"的生动实践。明白了吧，绿色金融的发展本身是一项系统工程，涉及多方面的工作和主体，需要从全局出发，着眼于长远，遵循其发展的客观规律，注意其长期性、艰巨性、复杂性，稳妥有序地推进和引导，才能实现经济、社会和环境的协调发展。

当然发展绿色金融，着眼长远，利在千秋。这里我十分欣赏全国政协经济委员会副主任陈雨露2019年初在梅地亚发布会上提出的：在国际范围内，中国的绿色金融已经拥有着相当的国际话语权和引领力。在中国政府的积极推动之下，绿色金融发展的倡议和政协建议列入了2016年中国G20杭州峰会的公报，列入了2017年德国汉堡行动计划，也列入了2018年的阿根廷布宜诺斯艾利斯峰会的重要议题，这大大地增强了绿色金融国际主流化的进程。

未来，得以绿色金融为支点，撬动传统产业转型、经济发展转道和人民生活方式的转变，用坚守和创新不断探索有中国特色的绿色发展之路……

要构建我国统一的绿色金融标准体系。这个标准体系要求国内统一、国际接轨，清晰、可执行。应当说现在构建国家标准体系我国已经有了相当的基础，一是原有与绿色金融有关的标准有很多合理之处可以充分吸收；二是国外有些国家在绿色金融标准制定方面有不少的经验可以借鉴，特别是经国务院批准，五大绿色金融改革创新试验区，经过将近两年的努力，也有实践经验可以总结和凝练。

要充分发挥好政府的作用，要完善绿色金融发展的制度环境。比如央行已经把绿色债券和绿色信贷纳入了MPA（宏观审慎评估考核制度体系），通过这些指标的纳入来激励和引导我国的银行和其他金融机构发展绿色金融。

在绿色金融的国际化进程方面需要持续地推动。2018年央行、法国法兰西银行还有其他几个国家的银行机构，共同牵头发起了一个全球央行和监管机构的绿色金融网络。这个绿色金融网络就是在全球范围内搭建一个推动绿色金融向前发展的常态化平台，要发挥好这个平台的作用，因为央行在其中发挥着核心作用。总的来说，希望通过我国绿色金融的高质量发展来助推我国国民经济的高质量发展。

这样，我们才无愧于"绿水青山就是金山银山"。

说到这里，让我们接过开头的话题。现在应该清楚了吧，《诗经》是绿色文化的精髓，既然绿色金融跳不出以《诗经》为生命筑底，那么我们就得静下心来，从苦和忧患中寻找超脱，从高翔于天际中寻找欢乐。

也许，这是一个功利浓烈的时代，愈是这样，相比任何时候，我们愈要尊重《诗经》绿色诗意这一底色。

是不是？

>>> 让世间又多一样好东西

——结束语

掂一掂这些年国内的金融文学作品，能跟IP扯上关系的实在不多，或者直说吧，没有。有人说我写的东西很有画面感，具有延展、衍生和海量传播特性。

如我写的《资本1Q84》，在中国作家长篇小说专号上发表后，凤凰出版集团拿到小说出版权，并以"资本纪"作为书名。这么看来，具体到影视改编，倒是不远了？

庆幸的是，我步入金融文学写作，得先感谢另一本书，那是前些年写的《金融战国时代》。当许多专家将金融弄得愈来愈玄乎时，我独自尝试以科普方式，将阳春白雪"高大上"的金融，用下里巴人的"俗语"或故事的形式表达出来，没想到引发一阵洛阳纸贵，接着中国经济出版社又出了一个修订版。

不知是不是沾了这两本书的光，年前，《金融言行》杂志社的执行主编赖小民先生，匆匆找上门来，邀我在杂志上开一个金融文化专栏，强调以随笔方式书写。

我问："为什么喜欢这样书写？"

他直截了当解释道："中国懂文学的很多，懂金融的也很多，但既懂金融又懂文学的人真的太少。"

从赖主编的感叹中，得知他要对冷冰冰面孔的杂志，进行一场改革，就是要打破《金融言行》杂志旷世已久的理论文章"一统天下"的面孔。

听到这里，我哈哈大笑起来。或许是文学情结的使然，或许本身就有一种使命担当，我欣然答应在工作之外的业余时间，试试到《金融言行》杂志开辟一个专栏。

就在这个节骨眼上，记得是2019年春节上班后的第一周，习近平总书记主持了中央政治局第十三次集体学习会，内容就是完善金融服务，防范金融风险。目的是深化对国际国内金融形势的认识，明确完善金融服务、防范金融风险的工作思路和重点，推动我国金融业健康发展。

为什么高层领导也这么关心金融？

原来中国已经成为金融大国，但还不是金融强国，银行体系总体上仍是大而不强。美国动辄挥舞制裁大棒，因为它是金融强国，靠的是强大的金融工具。当务之急，中国要实行从金融大国向金融强国的迈进，就得在苦练内功的同时，深化金融对外开放，努力增强我国金融业的全球竞争能力，努力增强开放条件下经济金融管理能力和防控风险能力，努力增强参与国际金融治理的能力。

这一来自春天的故事，如春潮在我心中涌动，极大地提振了我写好金融文化专栏的决心与信心。

没错，《金融的十九张面孔》是写金融的，得以理服人。鉴于金融本身就是一种深奥理论，理论只有彻底，才能说服人。而理论要真正做到彻底，就得运用唯物辩证法，抽丝剥茧、条分缕析、层层深入，不搞抽象说教，对时代问题作出有说服力的回答，彰显思想的力量，这样才能解开金融问题的扣子。

没错，《金融的十九张面孔》是一本随笔，意在以文化人。本来解读金融更多的是抽象的枯燥的理论，所以用文学语言给予润色或改良，运用文学的语言多讲一些有中国特色的故事成为我的写作目标。在写作时，我努力引经据典、旁征博引，尽可能让读者在体悟语言美感中，思想得到启发与升华。

没错，《金融的十九张面孔》要成为一本好书，应以书悦人。因为一本好书的元素很多，我认为至少要把握两点：一点是，用历史叙述唤起读者的记忆。历史是最好的教科书、最好的老师、最好的清醒剂，如17世纪荷兰"郁金香泡沫"是人类历史上第一次有记载的金融泡沫破灭，使成千上万人倾家荡产。20世纪90年代初日本股市和房地产泡沫破灭，使日本经济陷入"失去的十年"。1997年发生的亚洲金融危机，使许多国家损失惨重。2008年发生的国际金融危机，更是给全球带来了巨大损失。另一点是，写作时要充满情感。情感是文章的命脉，没有感情的文章，就无法打动人。写作时我倒逼自己，努力带着感情、带着温度，就像与作品谈恋爱，寻找可以与我知心的爱人，进而拉近金融与读者之间的距离。

我极力提高站位，拉高标杆，专栏文章出乎意料地引发网上网下广泛热议和点赞好评。《中国发展观察》总编杨良敏发现我写的金融随笔很抢眼，第一时间与我约定，每篇文章完成后，也"微"他一下。

这不，似乎每篇文章，杨总编的杂志都抢在了《金融言行》前面发稿。这可能得益于《中国发展观察》是半月刊的优势。这时我反倒不好意思起来，主动向《金融言行》的赖主编检讨，以求得他的宽容和理解。没想到大大咧咧的赖小民一笑了之：

"我们是金融专刊，人家是综合期刊。只要是好稿，谁先用谁后用都在中国，不会有什么利害冲突。"

后来，在一次会上，我遇见《中国经贸导刊》杂志主编朱东方先生，他又直言不讳地说："我喜欢你写的金融随笔，到我的杂志上开一个专栏吧？"

我一笑并马上推脱说："感谢主编高看一眼，到明年再说吧？"我把球又踢给了朱主编，因为我已有一本长篇小说《企业1984》，正在他的杂志上连载，我不想再新开一个专栏，这不是自己跟自己打架——作死吗？哈哈。

　　这事没过去几天，北京又来了一个电话，是一位美女的声音，我忙问："你是谁？"她一阵银铃般的笑声过后，自报家门是《中国经济导报》的编辑成静，接着开门见山告诉我说："见到你在杂志上写的金融随笔，作品写得很棒。今天想约你为我们报社写稿。"得知原委，我立刻表示了感谢说："我写的都是半万字以上的大稿，可能报纸那点版面不行？"我想以此吓走美女，没想到她"得寸进尺"地说："只要是你的来稿，我们报纸可以不受字数限制！"这话在时下中国报界，真的太雷人了，顿时令我无语。

　　当然，这里我不会忘记感谢红旗出版社总编徐澜，当她得知《金融的十九张面孔》将结集成书时，第二天就指派丁鋆编辑与我衔接，一周内又拿出了准备出版的意见。其实，这时中国经济出版社、厦门大学出版社作为曾经的合作伙伴，还有中信出版社等出版商，都想出版这本书。但我还是被红旗出版社的真诚感动了，是他们高效的运行机制，"最多跑一次"的做派，让我相信，他们一定干什么都会很出色。

　　就像不久前，跟文学圈的朋友聊起今年看过的金融电影和作品，我们相互做了一个推荐，真的没有想到，好作品和好电影的答案在我们大家的脑海中重叠了。大家的答案让我的脸顿时一阵发烫，大家异口同声地说，《金融的十九张面孔》既是今年看过的最好的金融作品集，也是今年印象很深刻且具有IP潜质的作品。

　　我知道中国人喜欢说恭维的话，但朋友给出的这一结论，至少对我来说是一种鞭策。感激文学可以让我们在更高的层面上相遇。

　　那好吧，就让这世间再多一样好东西，但愿这不是一个梦！

张国云

2020年1月10日于杭州省府路一号楼

图书在版编目(CIP)数据

金融的十九张面孔 / 张国云著. —北京：红旗出版社，
2020.1(2021.2重印)
ISBN 978-7-5051-5083-6

Ⅰ.①金… Ⅱ.①张… Ⅲ.①金融事业－研究－中国
Ⅳ.①F832

中国版本图书馆CIP数据核字(2020)第004872号

书　　　名	金融的十九张面孔			
著　　　者	张国云			
责任编辑	丁　鋆		特约编审	希　言
责任校对	曾晓蓉		装帧设计	戴　影
责任印务	金　硕			
出版发行	红旗出版社			
地　　　址	北京市沙滩北街2号		邮政编码	100727
	杭州市体育场路178号		邮政编码	310039
编辑部	0571-85310806		发行部	(杭州)0571-85311330
E－mail	rucdj@163.com			
图文排版	杭州兴邦电子印务有限公司			
印　　　刷	杭州广育多莉印刷有限公司			
开　　　本	710毫米×1000毫米　1/16			
字　　　数	168千字		印　张	13.25
版　　　次	2020年1月第1版		印　次	2021年2月第3次印刷
ISBN 978-7-5051-5083-6			定　价	55.00元

欢迎品牌畅销图书项目合作　联系电话:0571-85311330